DELIUS KLASING

Uwe Hannemann

UKW
Sprechfunkzeugnis
Betriebszeugnisse
für GMDSS

Zur Vorbereitung
auf die Prüfung und Praxis

Mit Fragenkatalogen

Delius Klasing Verlag

Die Deutsche Bibliothek – CIP-Einheitsaufnahme

Hannemann, Uwe:
UKW-Sprechfunkzeugnis, Betriebszeugnisse für GMDSS:
zur Vorbereitung auf die Prüfung und Praxis; mit Fragenkatalogen /
Uwe Hannemann. – 7., aktualisierte Aufl. – Bielefeld: Delius Klasing, 2001
(Yacht-Bücherei; Bd. 111)
ISBN 3-87412-153-4
NE: GT

7., aktualisierte Auflage
ISBN 3-87412-153-4
© Copyright by Delius Klasing Verlag GmbH, Bielefeld

Titelfotos: Yacht Photo Service / Peter Neumann (oben links),
Andrea Losh (oben rechts), Elna GmbH (unten)
Umschlaggestaltung: Ekkehard Schonart
Gesamtherstellung: Kunst- und Werbedruck, Bad Oeynhausen
Printed in Germany 2001

Delius Klasing Verlag, Siekerwall 21, D-33602 Bielefeld
Tel.: 05 21/559-0, Fax: 05 21/559-113
e-mail: info@delius-klasing.de
http://www.delius-klasing.de

Inhalt

Allgemeiner Teil zum UKW-Sprechfunkzeugnis

UKW-Betriebszeugnis

Vorwort

Bevor der Wassersportler an ein Seefunkzeugnis denkt, hat er zumeist Erfahrungen in anderen Bereichen des Yachtsports gesammelt. Doch früher oder später stellt sich für jeden Skipper die Frage, wie man den Kommunikationsbedarf an Bord bewältigen kann. Neben den komfortablen Mobiltelefon- bzw. Satellitentelefonanlagen gibt es jedoch Funkdienste, die nur mit Sprechfunkanlagen abgedeckt werden können. Insbesondere im Revier- und Hafenfunkdienst werden UKW-Sprechfunkanlagen benötigt. Der Anruf an eine Schleuse oder den Hafenmeister erfolgt im Seefunk wie auch im Binnenschiffahrtsfunk über UKW-Sprechfunkanlagen. Aufgrund der hohen Verbreitung, besonders im semiprofessionellen Bereich der Wassersportler, werden diese Sprechfunkanlagen vor allem zur Verständigung der Schiffe und Yachten untereinander eingesetzt.

Im wesentlichen aber wird der Schritt zur Seefunkanlage bzw. zum entsprechenden Seefunkzeugnis mit Sicherheitsaspekten begründet. Neben der persönlichen Sicherheitsausrüstung und dem Sicherheitsstandard des Schiffes ist es ebensowichtig, andere Schiffe oder Stellen an Land auf eine Notsituation aufmerksam machen zu können. Schiffe ohne Seefunkanlage begeben sich sonst aus seemännischer Sicht in die Isolation.

Insbesondere im Rahmen des Weltweiten Seenot- und Sicherheitsfunksystems GMDSS gewinnen UKW-Seefunkanlagen an Bedeutung. Mit der Einführung dieses Standards können zum Beispiel Schiffe mit digitalem Selektivruf, unter automatischer Angabe ihrer Position und des Identifizierungszeichens des Schiffes, Hilfe anfordern. Für viele Yachtskipper sind Sprechfunkanlagen mindestens ebenso wichtig wie eine Rettungsinsel.

Zur Bedienung einer Sprechfunkanlage ist jedoch ein Seefunkzeugnis vorgeschrieben. Für die Bedienung einer UKW-Sprechfunkanlage benötigt man mindestens das *UKW-Sprechfunkzeugnis*. Für Funkeinrichtungen des GMDSS ist für Wassersportler sogar das *UKW-Betriebszeugnis I oder II* erforderlich. Während das *UKW-Betriebszeugnis II* auf die nationalen Gewässer begrenzt ist, gibt es beim *UKW-Betriebszeugnis I* keinerlei Einschränkungen. Allerdings werden hierzu in der Prüfung Meldungen in englischer Sprache verlangt.

Alle genannten Seefunkzeugnisse gelten auch im Binnenschiffahrtsfunk. Da sich Funkeinrichtungen des GMDSS nur auf den Seefunkdienst beziehen, reicht zum Bedienen einer Sprechfunkanlage im Bereich der Binnenschiffahrt das *UKW-Sprechfunkzeugnis* aus.

Mit der Einführung von GMDSS und damit verbunden der Betriebszeugnisse stellt sich für Inhaber von Seefunkzeugnissen für den Sprechfunkdienst die Frage, ob diese weiterhin Gültigkeit haben. Sofern Sie an GMDSS teilnehmen wollen, müssen Sie neben der Anschaffung zusätzlicher Geräte auch ein Betriebszeugnis erwerben.

Aufgrund der inhaltlichen Überschneidung zwischen UKW-Sprechfunk- und UKW-Betriebszeugnis kann das vorliegende Werk zur Vorbereitung auf beide Funkzeugnisse herangezogen werden. Das *UKW-Betriebszeugnis II* kann durch eine *Ergänzungsprüfung* zum *UKW-Betriebszeugnis I* erweitert werden (vgl. Seite 17).

Der Seefunk greift häufig auf die Bereiche Seemannschaft und Navigation zurück bzw. verbindet diese unter neuen Aspekten. Der Schwerpunkt des Buches liegt deshalb auch in der praktischen Umsetzung der Betriebsvorschriften. Anhand von typischen Fällen, wie sie nur allzuoft an Bord vorkommen, soll der künftige See- oder Binnenschiffahrtsfunker auf die Prüfung und, noch wichtiger, auf die Praxis vorbereitet werden.

Uwe Hannemann

1 Seefunkzeugnisse

Der Seefunkdienst besteht schon lange nicht mehr ausschließlich aus dem Telegrafiefunk und dem SOS-Signal im Seenotfall. Moderne, leistungsfähige Kommunikationssysteme unterstützen die Schiffsführung nunmehr in ihren Aufgaben. Der Funkdienst bei einer deutschen Funkstelle darf nur von Personen ausgeübt werden, die im Besitz eines gültigen Funkzeugnisses sind. Welches Funkzeugnis erforderlich ist, richtet sich nach der Art der zu bedienenden Funkstelle. Welche Funkstelle wiederum an Bord vorhanden sein muß, hängt von der Art des Schiffes sowie dessen Fahrtgebiet ab. Für den Wassersportler stehen verschiedene Sprechfunkzeugnisse zur Verfügung.

Sprechfunkzeugnisse für den Seefunkdienst

Man unterscheidet *derzeit* folgende Sprechfunkzeugnisse für den Seefunkdienst:

○ *Allgemeines* Sprechfunkzeugnis*
Der Inhaber des Allgemeinen Sprechfunkzeugnisses ist zum Bedienen aller Sprech-Seefunkstellen berechtigt. Er ist grundsätzlich nicht berechtigt, Funkeinrichtungen des GMDSS zu bedienen.

○ *Allgemeines Betriebszeugnis*
Das Allgemeine Betriebszeugnis schließt das Allgemeine Sprechfunkzeugnis ein und gestattet darüber hinaus die Teilnahme am Weltweiten Seenot- und Sicherheitsfunksystem GMDSS (Global Maritime Distress and Safety System). Not-, Dringlichkeits- und Sicherheitsmeldungen sind in englischer Sprache abzugeben.

---

* Allgemein bedeutet: Geltungsbereich für GW, KW und UKW

○ *UKW-Sprechfunkzeugnis*
Der Inhaber des UKW-Sprechfunkzeugnisses darf den Sprechfunkdienst auf Ultrakurzwellen (UKW) auf deutschen Seefunkstellen und Schiffsfunkstellen im Binnenschiffahrtsfunk ausüben. Er ist grundsätzlich nicht berechtigt, Funkeinrichtungen des GMDSS zu bedienen.

○ *UKW-Betriebszeugnis I*
Das UKW-Betriebszeugnis I berechtigt zum Bedienen der Sprech-Seefunkstellen für UKW *und* der Funkeinrichtungen des GMDSS für UKW. Not-, Dringlichkeits- und Sicherheitsmeldungen sind hierbei in englischer Sprache abzugeben.

○ *UKW-Betriebszeugnis II*
Das UKW-Betriebszeugnis II berechtigt zum Bedienen der UKW-Sprechfunkgeräte sowie zur Teilnahme am GMDSS für UKW in den Gewässern des Bedeckungsbereiches der deutschen UKW-Küstenfunkstellen (Seegebiet A 1, vgl. Seite 103).

Die UKW-Betriebszeugnisse unterscheiden sich also vom UKW-Sprechfunkzeugnis durch die zusätzliche Berechtigung zum Bedienen der Funkeinrichtungen des GMDSS für UKW. Somit können Inhaber eines UKW-Sprechfunkzeugnisses nicht am Weltweiten Seenot- und Sicherheitsfunksystem GMDSS teilnehmen. Der Erwerb des UKW-Sprechfunkzeugnisses ist für den Wassersportler interessant, der ausschließlich im Bereich des Binnenschiffahrtsfunks agiert. Im übrigen gelten alle genannten Seefunkzeugnisse auch im Bereich des Binnenschiffahrtsfunks.

Neuordnung der Funkzeugnisse

Mit Inkrafttreten der neuen *Verordnung über Seefunkzeugnisse* (voraussichtlich im Jahr 2002) werden im Seefunkdienst nur noch Funkbetriebszeugnisse erteilt. Für die Ausübung des Seefunkdienstes auf Schiffen, die nicht dem SOLAS-Übereinkommen (siehe Seite 21) unterliegen, wie etwa *Sportboote,* sind dann folgende Funkbetriebszeugnisse erforderlich:

○ *Allgemeines Funkbetriebszeugnis (Long Range Certificate [LRC])*
○ *Beschränkt Gültiges Funkbetriebszeugnis (Short Range Certificate [SRC])*

Zum Bedienen einer UKW-Sprech-Seefunkstelle sowie zur Teilnahme am GMDSS für UKW im Bedeckungsbereich deutscher UKW-Küstenfunkstellen kann, vergleichbar dem UKW-Betriebszeugnis II, das

○ *UKW-Betriebszeugnis für Funker (UBZ)*

erworben werden. Sowohl Inhaber des „neuen" UKW-Betriebszeugnisses für Funker (UBZ) wie auch Inhaber des UKW-Betriebszeugnisses II können durch eine Ergänzungsprüfung, das heißt Nachweis englischer Sprachkenntnisse, das Beschränkt Gültige Funkbetriebszeugnis (SRC) erwerben. Betriebszeugnisse für Funker, die zur Ausübung des Seefunkdienstes auf Schiffen berechtigen, die unter das SOLAS-Übereinkommen fallen, sind für Wassersportler nicht vorgesehen.
Zur Bedienung einer Funkstelle in der Binnenschiffahrt ist künftig das

○ *Sprechfunkzeugnis für den Binnenschiffahrtsfunk (UBI)*

erforderlich.
So wie das „neue" UKW-Sprechfunkzeugnis für den Binnenschiffahrtsfunk (UBI) nicht zur Teilnahme am Seefunkdienst berechtigt, gilt Gleiches umgekehrt auch für Inhaber der „neuen" Funkbetriebszeugnisse. Optional sind jedoch *Ergänzungsprüfungen* vorgesehen.

Hinweis
Der Umtausch gültiger Funkzeugnisse ist für die Sportschiffahrt nicht erforderlich, da die bisher erworbenen Funkzeugnisse weiterhin gültig bleiben.

15

Vorbereitung und Anmeldung zur Prüfung

Zur Vorbereitung auf die Prüfung haben Sie die Wahl, entweder als Autodidakt die angebotene Literatur zu studieren oder einen Lehrgang zu besuchen. Wichtig ist, sich im Umgang mit den Geräten als solchen vertraut zu machen (mit dem UKW-Sprechfunkgerät, dem DSC-Controller usw.). Prüfungsbehörde ist die *Regulierungsbehörde für Telekommunikation und Post* (Reg TP). Für die UKW-Zeugnisse sind die Außenstellen Bremen, Hamburg, Kiel, Rostock, Berlin, Freiburg, Koblenz, München und Münster zuständig. Dort erhält man auch Anmeldeformulare für die Prüfung sowie Auskünfte über die Prüfungsgebühren.

Voraussetzung für den Erwerb der UKW-Seefunkzeugnisse ist das vollendete 16. Lebensjahr. Der Anmeldung zur Prüfung sind eine Kopie des gültigen Personalausweises oder Reisepasses sowie zwei Paßbilder in der Größe 3,5 x 4,5 cm beizufügen. Bei der Anmeldung zu einer *Ergänzungsprüfung* muß noch die Kopie des bereits vorhandenen Seefunkzeugnisses beigefügt werden.

Prüfungsanforderungen

Der Inhaber eines UKW-Betriebszeugnisses darf auf Sportbooten den Sprechfunkdienst über Ultrakurzwellen auf deutschen Seefunkstellen und Schiffsfunkstellen des Binnenschiffahrtsfunks ausüben. Für diese Befähigung muß der künftige Inhaber aber erst einige Kenntnisse vorweisen.

UKW-Betriebszeugnis

○ *Praktischer Teil*
– Praktische Übungen im Sprechfunkdienst unter Anwendung der Buchstabiertafel, Verfahren in Not-, Dringlichkeits- und Sicherheitsfällen, einschließlich der Verfahren im Weltweiten Seenot- und Sicherheitsfunksystem (GMDSS). Die Prüfungsdauer soll je Bewerber 5 Minuten – 2 bis 3 Aufgaben – nicht überschreiten.

– Fehlerfreie Abgabe von Not-, Dringlichkeits- oder Sicherheitsmeldungen in englischer Sprache nach Vorgabe eines Textes in deutscher Sprache unter Anwendung der Buchstabiertafel in höchstens 10 Minuten.

– Fehlerfreie Aufnahme von Not-, Dringlichkeits- oder Sicherheitsmeldungen in englischer Sprache in gut lesbarer Handniederschrift, mit anschließender schriftlicher Übersetzung ohne Hilfsmittel ins Deutsche, in höchstens 15 Minuten.

– Praktische Kenntnisse zum Bedienen der Sprech-Seefunkstellen für UKW und der Funkeinrichtungen des GMDSS für UKW.

Bei dem *UKW-Betriebszeugnis II* sind die Meldungen jeweils nur in deutscher Sprache in höchstens 5 Minuten abzugeben bzw. aufzunehmen.

○ *Theoretischer Teil*
– Kenntnis derjenigen Bestimmungen der Vollzugsordnungen, die für den Sprechfunk gelten, und darunter besonders derjenigen Bestimmungen, welche den Schutz des menschlichen Lebens betreffen.
– Allgemeine Kenntnisse über die im *Handbuch Seefunk* enthaltenen Regelungen für den Sprech-Seefunkdienst auf Ultrakurzwellen.
– Allgemeine Kenntnisse über die im *Handbuch Binnenschiffahrtsfunk* enthaltenen Regelungen.

UKW-Betriebszeugnis: Ergänzungsprüfung
Wer bereits ein UKW-Betriebszeugnis II besitzt, kann eine *Ergänzungsprüfung* zum Betriebszeugnis I ablegen. Bei der Ergänzungsprüfung sind Englischkenntnisse nachzuweisen. Insbesondere sind die Meldungen aus dem folgenden praktischen Teil abzugeben.

○ *Praktischer Teil*
– Verfahren in Not-, Dringlichkeits- und Sicherheitsfällen im Weltweiten Seenot- und Sicherheitsfunksystem (GMDSS).
– Fehlerfreie Abgabe von Not-, Dringlichkeits- oder Sicherheitsmeldungen in englischer Sprache nach Vorgabe eines Textes in deutscher Sprache un-

ter Anwendung der Buchstabiertafel in höchstens 10 Minuten *(nur für UKW-Betriebszeugnis I)*.
– Fehlerfreie Aufnahme von Not-, Dringlichkeits- oder Sicherheitsmeldungen in englischer Sprache in gut lesbarer Handniederschrift, mit anschließender schriftlicher Übersetzung ohne Hilfsmittel ins Deutsche, in höchstens 15 Minuten *(nur für Betriebszeugnis I)*.
– Praktische Kenntnisse zum Bedienen der Sprech-Seefunkstellen für UKW und für Funkeinrichtungen des GMDSS für UKW.

○ *Theoretischer Teil*
– Kenntnis derjenigen Bestimmungen der Vollzugsordnungen, die für den Sprechfunk gelten, und darunter besonders derjenigen Bestimmungen, welche den Schutz des menschlichen Lebens betreffen, soweit sie GMDSS angehen.

UKW-Sprechfunkzeugnis

Bei der Prüfung zum UKW-Sprechfunkzeugnis entfallen einerseits die Bestimmungen, welche den Schutz des menschlichen Lebens auf See im GMDSS betreffen, und andererseits die praktischen Kenntnisse zum Bedienen der Funkeinrichtungen im GMDSS für UKW. Die Meldungen sind analog dem Betriebszeugnis II nur in deutscher Sprache zu übermitteln.

Der Weg zum Erfolg

Der Weg zum Betriebszeugnis ist auch der Weg durch dieses Lehrbuch:
● Sofern Sie das *Betriebszeugnis* anstreben, ist die Frage nach der Vorgehensweise relativ einfach: Sie sollten den gesamten Stoff des Buches durcharbeiten.
● Streben Sie lediglich das *UKW-Sprechfunkzeugnis* an, konzentrieren Sie sich auf den allgemeinen Teil zum Sprechfunkzeugnis und die Meldungen in deutscher Sprache.

UKW Betriebszeugnis I

UKW Betriebszeugnis II

Meldungen
in englischer Sprache
(S. 159)

UKW-Sprechfunkzeugnis

Die internationale Buchstabiertafel bildet bei jedem Sprechfunkzeugnis die Grundlage Ihres Könnens.

Für das *Betriebszeugnis I* benötigen Sie einige englische Sprachkenntnisse. Die wichtigsten Vokabeln und Redewendungen im Zusammenhang mit Not-, Dringlichkeits- und Sicherheitsmeldungen finden Sie im Anhang dieses Buches. Bedenken Sie bitte, daß die Übersetzung der Meldungen, insbesondere vom Englischen ins Deutsche, ein wenig Übung erfordert.

Des weiteren sind die offiziellen Prüfungsfragen und Antworten für das UKW-Sprechfunkzeugnis sowie für die UKW-Betriebszeugnisse I und II abgedruckt.

2 Vorschriften für den Seefunkdienst

Die Vorschriften für den Seefunkdienst beziehen sich zum einen auf die *Funkausrüstung* und zum anderen auf die Verkehrsabwicklung. Man unterscheidet sowohl nationale als auch internationale Bestimmungen.

Funkausrüstung

Aus dem *Internationalen Schiffssicherheitsvertrag* und der nationalen *Schiffssicherheitsverordnung* ergibt sich, daß bestimmte Schiffe unter der Flagge der Bundesrepublik Deutschland mit einer Seefunkstelle ausgerüstet sein müssen. Welche Funkausrüstung erforderlich ist, richtet sich nach Art und Größe sowie dem Fahrtgebiet des Schiffes. Hierbei interessiert uns insbesondere die Frage, ob auch Sportboote einer Ausrüstungspflicht unterliegen.

Internationaler Schiffssicherheitsvertrag (ISSV)

Der Internationale Schiffssicherheitsvertrag (ISSV) ist ein von den Schiffahrtsnationen der Welt unterzeichnetes Übereinkommen zum Schutz des menschlichen Lebens auf See. Im internationalen Sprachgebrauch wird dieses Übereinkommen als SOLAS (Safety of Life at Sea) bezeichnet. Hier sind die *Internationalen Regeln zur Verhütung von Zusammenstößen auf See* (Kollisionsverhütungsregeln – KVR) ebenso verankert wie, in Kapitel IV, die Funkausrüstung von Schiffen. Die SOLAS-Bestimmungen finden nur auf Fracht- und Fahrgastschiffe in der Auslandsfahrt Anwendung. Die Schiffe müssen in Abhängigkeit ihrer Größe und ihres Fahrtgebietes mit unterschiedlichen Funkanlagen ausgerüstet sein.

Schiffssicherheitsverordnung (SchSV)

Die Schiffssicherheitsverordnung (SchSV) gilt für Seeschiffe, die berechtigt sind, die Bundesflagge zu führen. Die SchSV ergänzt hierbei die internationalen Vorschriften. Gemäß Schiffssicherheitsverordnung besteht für alle Fahrgastschiffe sowie für Frachtschiffe ab einer Bruttoraumzahl (BRZ) von 300 eine Funkausrüstungspflicht. *Auf Sportboote finden diese Bestimmungen keine Anwendung.*

Funkausrüstung für Sportboote

Die Ausrüstung von Sportbooten mit einer Funkanlage liegt im Ermessen des Eigners – es sei denn, das Sportboot unterliegt der Schiffssicherheitsverordnung (s. oben).
Das Bundesamt für Seeschiffahrt und Hydrographie (BSH) hat in Zusammenarbeit mit den deutschen Wassersportverbänden in bezug auf GMDSS eine Ausrüstungs*empfehlung* für die Sportschiffahrt herausgegeben. Darin wird u. a. eine UKW-Sprechfunkanlage mit einem DSC-Controller empfohlen.

Verkehrsabwicklung im Seefunkdienst

Der Seefunkdienst umfaßt den Funkverkehr zwischen Küsten- und Seefunkstellen oder zwischen Seefunkstellen sowie deren Rettungsbooten. Bei der Beantwortung der Frage, wie dieser Funkverkehr abzuwickeln ist, beschäftigt man sich mit der sogenannten Verkehrs- oder Betriebsabwicklung. Die Abwicklung im internationalen Seefunkverkehr erfolgt nach den *Radio Regulations (RR),* herausgegeben von der *Internationalen Fernmeldeunion (UIT).*
Auf nationaler Ebene sind zum Betreiben einer Funkanlage die Bestimmungen des *Telekommunikationsgesetzes (TKG)* zu berücksichtigen. Das *Handbuch Seefunk,* über dessen Inhalt Sie in der Prüfung allgemeine Kenntnisse vorweisen müssen, enthält und erläutert die für den Betrieb geltenden internationalen und nationalen Bestimmungen im Seefunkdienst.

Radio Regulations (RR)

Die *Radio Regulations* enthalten Vorschriften über die reibungslose Abwicklung des Funkverkehrs. Die deutsche Übersetzung der *Radio Regulations,* die *Vollzugsordnung für den Funkdienst (VO Funk),* ist nicht mehr aktuell.

Zur einheitlichen Verständigung, insbesondere auf internationaler Ebene, müssen bestimmte Begriffe definiert werden. Diesbezüglich enthält das *Handbuch Seefunk* die Erläuterung von Begriffen, wie sie gemäß der *Radio Regulations* international verwendet werden. So ist eine *Seefunkstelle* eine mobile Funkstelle des Seefunkdienstes an Bord eines nicht dauernd verankerten Seefahrzeuges, mit Ausnahme von Funkstellen auf Rettungsbooten oder -flößen.

In den *Radio Regulations* wird die Verteilung der Frequenzen im Rundfunk, Flugfunk und im Seefunk ebenso geregelt wie die Anforderungen an die entsprechenden Funkgeräte.

Zur Unterscheidung der Funkstellen werden *Länderkennzeichen,* das heißt Rufzeichen, vergeben. Deutschen Seefunkstellen werden Rufzeichen aus der Buchstabenreihe zwischen DAAA und DRZZ zugeteilt.

Neben der Verkehrsabwicklung im Anrufverfahren ist ein weiterer wesentlicher Inhalt der *Radio Regulations* die Betriebsabwicklung im Not-, Dringlichkeits- und Sicherheitsfall. Die entsprechenden Verfahren sollten Ihnen spätestens bis zur Prüfung vertraut sein. Die *Radio Regulations* regeln nicht nur die internationale Anerkennung der Seefunkzeugnisse, sondern auch deren Erwerb.

Auch wenn die *Radio Regulations,* neben dem *Telekommunikationsgesetz* (vgl. S. 24), so ziemlich alles reglementieren: Eine Funkstelle in Not darf durch keine Bestimmung daran gehindert werden, alle ihr zur Verfügung stehenden Mittel zu benutzen, um auf ihre Lage aufmerksam zu machen und Hilfe anzufordern.

Telekommunikationsgesetz (TKG)

Die Überwachung und Sicherstellung eines flächendeckenden Telekommunikationsdienstes sowie eine entsprechende Frequenzzuordnung sind hoheitliche Aufgaben des Bundes. Die gesetzliche Grundlage bildet das Telekommunikationsgesetz (TKG). Danach bedarf jede Frequenznutzung einer vorherigen Zuteilung durch die Regulierungsbehörde.

Anträge auf Frequenzzuteilung sind an die Regulierungsbehörde für Telekommunikation und Post (Reg TP) zu richten. Das bedeutet, daß keine Funkanlage ohne Genehmigung betrieben werden darf. Auch der Wechsel der Eigentumsverhältnisse muß der Behörde schriftlich angezeigt werden. Die Regulierungsbehörde ist befugt, zur Sicherstellung der Frequenznutzung die Funkanlage an Bord zu überwachen. Sie kann bei Verstößen gegen das Telekommunikationsgesetz den Betrieb einschränken oder die Außerbetriebnahme von Geräten anordnen.

Es dürfen nur Nachrichten abgehört werden, die für die Funkanlage bestimmt sind. An Bord einer Yacht ist dies naturgemäß schwer einzuhalten, zumal das UKW-Sprechfunkgerät meist am Navigationsplatz, dem nautischen und gesellschaftlichen Mittelpunkt des Schiffes, untergebracht ist.

Das Telekommunikationsgesetz regelt insbesondere das **Fernmeldegeheimnis.** Das Fernmeldegeheimnis bezieht sich nicht nur auf den Inhalt der Nachrichten, sondern auch darauf, ob überhaupt Funkverkehr stattgefunden hat. An Bord eines Schiffes besteht die Pflicht zur Wahrung des Geheimnisses nicht gegenüber dem Fahrzeugführer oder seinem Stellvertreter. Er darf auch verlangen, daß Nachrichten aufgenommen werden, die nicht für die eigene Funkstelle bestimmt sind.

Wer entgegen den Vorschriften des Telekommunikationsgesetzes eine Funkanlage errichtet oder betreibt, wird mit Geld- oder Freiheitsstrafe belegt. Der Versuch ist bereits strafbar – also nur mit Sprechfunkzeugnis ans Gerät.

3 Der Ultrakurzwellenbereich

Funkverbindungen zwischen Seefunkstellen untereinander oder zwischen einer See- und einer Küstenfunkstelle sind nicht unter allen Umständen möglich. Der Erfolg hängt zum einen von der Reichweite der Funkanlage ab, zum anderen von der benutzten Frequenz bzw. dem Sprechweg oder Kanal.

Frequenzbereiche im Seefunk

Neben dem Ultrakurzwellenbereich gibt es weitere Frequenzbereiche im terrestrischen Seefunkdienst. Aufgrund der unterschiedlichen Frequenzen sowie deren Ausbreitungseigenschaften ergeben sich vor allem wesentliche Unterschiede in der Reichweite der Funkverbindungen:

Mittelwellen (MW)	415 kHz* − 535 kHz
Grenzwellen (GW)	1605 kHz − 4 MHz*
Kurzwellen (KW)	4 MHz − 27,5 MHz
Ultrakurzwellen (UKW)	156 MHz − 174 MHz

Während die Mittelwellenfrequenzen für den Telegrafiefunk bzw. Funktelexverbindungen genutzt werden, stehen im Sprechfunk GW, KW und UKW zur Verfügung. Mit KW-Sprechfunkanlagen sind weltweite Funkverbindungen möglich, im GW-Bereich Reichweiten von 200 bis 500 sm.

Die geringste Reichweite ist allerdings im UKW-Bereich anzutreffen. Durch die lineare Ausbreitung der Funkwellen müssen Sende- und Empfangsantenne stets *Blickkontakt* haben. Man spricht von einer *quasioptischen* Reichweite. Aufgrund der Tatsache, daß die Tragweite der Funkverbindungen hauptsächlich von der Antennenhöhe abhängt, sollte die UKW-Funkantenne unbedingt im Topp des Schiffes installiert werden. Je nach Ausbreitungsbedingungen ergeben sich so Reichweiten bis zu 30 sm.

Durch die digitale Übermittlung von Informationen im DSC-Verfahren (vgl. S. 132) kann die Reichweite nahezu verdoppelt werden.

---

* 1 kHz entspricht 1000 Hz − 1 MHz entspricht 1 000 000 Hz

Kanäle im Ultrakurzwellenbereich

Im Gegensatz zu anderen Frequenzbereichen wird im UKW-Bereich nicht von *Frequenzen,* sondern von *Kanälen* gesprochen. Selbstverständlich verbergen sich hinter jedem Kanal ein oder gar zwei Frequenzen. So steht z. B. für Kanal 16, den internationalen Not-, Sicherheit- und Anrufkanal auf UKW, die Frequenz 156,8 MHz zur Verfügung.

In der Tabelle auf Seite 27 sind die Kanäle den entsprechenden Frequenzen zugeordnet. Bei näherer Betrachtung der Tabelle ergibt sich ein elementarer Unterschied zwischen den Kanälen: Einige haben zum Senden und Empfangen ein und dieselbe Frequenz (wie z. B. Kanal 06), bei anderen sind sie unterschiedlich. Warum ist dies physikalisch zwingend erforderlich?

Kanal 06 ist ein *internationaler Schiff-Schiff-Kanal* für die Verständigung der Seefunkstellen untereinander. Da aber alle Funkstellen auf den Schiffen technisch gleich ausgerüstet sind, wäre eine Verständigung mittels zweier Frequenzen unmöglich. Alle Funkstellen senden auf der gleichen Frequenz bzw. empfangen auch auf der gleichen Frequenz. Eine Verständigung käme infolgedessen nicht zustande.

Vielleicht wird das Problem anschaulicher, wenn man die Verbindung zwischen einer Seefunkstelle und einer Küstenfunkstelle betrachtet: Der Anrufkanal von *Kiel Radio* ist Kanal 23. Laut Tabelle auf Seite 27 stehen für diesen Kanal zwei Frequenzen zur Verfügung. Das bedeutet, daß die Seefunkstelle auf der Frequenz 157,150 MHz sendet und auf der Frequenz 156,750 MHz empfängt. Bei der Küstenfunkstelle an Land ist das genau umgekehrt. Eine Verständigung über zwei Frequenzen ist demzufolge möglich. In diesem Fall spricht man von einem *Duplex-Kanal.* Bei der Herstellung über eine Frequenz handelt es sich um einen *Simplex-Kanal.* Schiff-Schiff-Kanäle sind folglich immer Simplex-Kanäle. Deshalb werden Anrufe „an alle Funkstellen", gemeint sind alle Seefunkstellen, auch immer auf Simplex-Kanälen durchgeführt.

Des weiteren kann man der Tabelle entnehmen, ob der jeweilige Kanal für den Schiff-Schiff-Verkehr, Revier- und Hafenfunkdienst, Schiffslenkungsfunkdienst oder den öffentlichen Verkehr zur Verfügung steht.

Verteilung der Kanäle im UKW-Sprech-Seefunkdienst (Sendeart: G3E)

Nummern der Kanäle	Frequenzen der SeeFuSt in MHz Senden	Frequenzen der SeeFuSt in MHz Empfangen	Schiff–Schiff	Revier- und Hafenfunkdienst eine Frequenz	Revier- und Hafenfunkdienst zwei Frequenzen	Schiffslenkungsfunkdienst eine Frequenz	Schiffslenkungsfunkdienst zwei Frequenzen	Öffentlicher Verkehr
60	156,025	160,625			17		9	25
01	156,050	160,650			10		15	8
61	156,075	160,675			23		3	19
02	156,100	160,700			8		17	10
62	156,125	160,725			20		6	22
03	156,150	160,750			9		16	9
63	156,175	160,775			18		8	24
04	156,200	160,800			11		14	7
64	156,225	160,825			22		4	20
05	156,250	160,850			6		19	12
65	156,275	160,875			21		5	21
06	156,300	156,300	1					
66	156,325	160,925			19		7	23
07	156,350	160,950			7		18	11
67	156,375	156,375	9	10		9		
08	156,400	156,400	2					
68	156,425	156,425		6		2		
09	156,450	156,450	5	5		12		
69	156,475	156,475	8	11		4		
10	156,500	156,500	3	9		10		
70	156,525	156,525	Digitaler Selektivruf für Not, Sicherheit und Anruf					
11	156,550	156,550		3		1		
71	156,575	156,575		7		6		
12	156,600	156,600		1		3		
72	156,625	156,625	6					
13	156,650	156,650	4	4		5		
73	156,675	156,675	7	12		11		
14	156,700	156,700		2		7		
74	156,725	156,725		8		8		
15	156,750	156,750	11	14		14		
75			Sperrbereich 156,7625 – 156,7875 MHz					
16	156,800	156,800	Not, Sicherheit und Anruf					
76			Sperrbereich 156,8125 – 156,8375 MHz					
17	156,850	156,850	12	13		13		
77	156,875	156,875	10					
18	156,900	161,500			3		22	
78	156,925	161,525			12		13	27
19	156,950	161,550			4		21	
79	156,975	161,575			14		1	
20	157,000	161,600			1		23	
80	157,025	161,625			16		2	
21	157,050	156,650			5		20	
81	157,075	161,675			15		10	28
22	157,100	161,700			2		24	
82	157,125	161,725			13		11	26
23	157,150	156,750						5
83	157,175	156,775						16
24	157,200	161,800						4
84	157,225	161,825			24		12	13
25	157,250	161,850						3
85	157,275	161,875						17
26	157,300	161,900						1
86	157,325	161,925						15
27	157,350	161,950						2
87	157,375	161,975						14
28	157,400	162,000						6
88	157,425	162,025						18

Der UKW-Kanal 70 ist ausschließlich dem *Digitalen Selektivrufsystem* (DSC) vorbehalten – vgl. S. 109. Im Rahmen des GMDSS erfolgen auf diesem Kanal Notalarmierungen, Anrufe sowie Ankündigungen von Meldungen. Auf Kanal 70 ist kein Sprechfunkverkehr zugelassen.

Kanäle für den Schiff-Schiff-Verkehr

Im Seefunkverkehr sind die Frequenzen und Kanäle für ganz bestimmte Zwecke innerhalb der Verkehrsabwicklung zugeteilt. So wird z. B. der internationale Schiff-Schiff-Verkehr über UKW auf Kanal 06 abgewickelt. Über eben diesen Kanal 06 findet aber auch der Funkverkehr zwischen See- und Luftfunkstellen bei koordinierten SAR-Einsätzen statt. Die Verkehrsabwicklung richtet sich dabei nach den Bestimmungen des Seefunkverkehrs.

Funkverkehr von Brücke zu Brücke, die Sicherheit der Seeschiffahrt betreffend, wird auf Kanal 13 abgewickelt.

Die Kanäle 72 und 69 stehen ausschließlich für Sportboote und Yachten zur Verfügung. Auf diesen Kanälen darf und wird alles übermittelt, was den Skipper unterwegs beschäftigt, von aktuellen Positionsmeldungen bei Regatten bis zum „Lenzpegel" der gebunkerten Sherry-Vorräte. In diesem Zusammenhang sei bereits erwähnt, daß für private Gespräche mit sozialem Charakter – so werden derartige Gespräche offiziell umschrieben – im Binnenschiffahrtsfunk, folglich auch in den Niederlanden, ausnahmslos der Kanal 77 zugelassen ist. Alle anderen Schiff-Schiff-Kanäle sind den Nachrichten für die Sicherheit oder Navigation vorbehalten.

Wichtige UKW-Kanäle

Neben der Frequenz 156,8 MHz für den internationalen Not-, Sicherheits- und Anrufkanal 16 und dem DSC-Anrufkanal 70 sollten Sie noch weitere

Kanäle aus dem Bereich Seefunk bzw. Binnenschiffahrtsfunk präsent haben.

○ *Im Bereich Seefunk*

UKW-Kanal 16	internationaler Not-, Sicherheit- und Anrufkanal
UKW-Kanal 70	digitaler Selektivruf (DSC)
UKW-Kanal 06	internationaler Schiff-Schiff-Verkehr/koordinierte SAR-Einsätze (See- und Luftfunkstellen)
UKW-Kanal 13	Verkehr für die Sicherheit der Seeschiffahrt (von Brücke zu Brücke)
UKW-Kanal 72	Schiff-Schiff-Verkehr für Sportboote und Yachten
UKW-Kanal 69	Schiff-Schiff-Verkehr für Sportboote und Yachten

○ *Im Bereich Binnenschiffahrtsfunk*

UKW-Kanal 10	1. Kanal im Verkehrskreis Schiff–Schiff
UKW-Kanal 11	1. Kanal im Verkehrskreis Schiff–Hafenbehörde
UKW-Kanal 15	Verkehrskreis Funkverkehr an Bord
UKW-Kanal 17	Verkehrskreis Funkverkehr an Bord
UKW-Kanal 77	Verkehrskreis Schiff–Schiff für Nachrichten sozialer Art

4 Betrieb von Seefunkanlagen

Seefunkanlage ist nicht gleich Seefunkanlage. Auch wenn auf den ersten Blick kaum Unterschiede zu erkennen sind, gibt es wesentliche Kriterien, die eine UKW-Sprechfunkanlage kennzeichnen. So kann man zumeist ein und dasselbe Gerät sowohl für den Seefunk als auch für den Binnenschifffahrtsfunk erwerben. Zusätzlich unterscheiden sich die Funkanlagen im *Betriebsverfahren.*
Neben der Befähigung zum Bedienen einer Seefunkanlage bedarf es zum Betreiben der Funkanlage einer sogenannten *Frequenzzuteilung* durch die Genehmigungsbehörde.

Betriebsverfahren

Als Betriebsverfahren bezeichnet man die technischen und physikalischen Abläufe innerhalb des Funkverkehrs. Wie schon im Zusammenhang mit dem Ultrakurzwellenbereich auf Seite 26 erwähnt, werden die UKW-Kanäle in Simplex- und in Duplex-Kanäle unterteilt. Analog den Kanälen unterscheidet man auch die Betriebsverfahren und die Geräte.

Simplex-Betrieb

Das Simplex-Verfahren ist das technisch einfachste Verfahren: Zum Senden und Empfangen steht nur eine Frequenz zur Verfügung. Man kann entweder senden oder empfangen. Das bedeutet, daß man entweder selbst spricht oder nur den anderen Teilnehmer hören kann. Es ist also nur *Wechselsprechen* möglich.
Mittels einer Sprech- oder Sendetaste muß man zwischen Senden und Empfangen hin und her schalten. Die Sendetaste ist im Handhörer eingebaut. Man kann demnach das Gespräch dahingehend beeinflussen, welche Nachrichten man hören möchte und zu welchem Zeitpunkt man lieber selbst redet. Die ordnungsgemäße Übergabe, daß der andere Teilnehmer antworten soll, wird durch „over" oder „bitte kommen" eingeleitet.

Duplex-Betrieb

Technisch aufwendiger ist das Duplex-Verfahren. Zwei verschiedene Frequenzen ermöglichen gleichzeitiges Senden und Empfangen, das heißt Sprechen und Hören. Dieses Verfahren, das als *Gegensprechen* bezeichnet wird, funktioniert genauso wie das Telefon zu Hause. Für den Duplex-Betrieb ist es erforderlich, daß beide Teilnehmer über eine derartige Anlage verfügen. Trotzdem gibt es im Handhörer eine Sendetaste. Warum? Eigentlich dürften Sie diese Frage schon beantworten können. Wir erinnern uns an den Schiff-Schiff-Verkehr (Seite 28). Da hier grundsätzlich nur Simplex-Betrieb möglich ist, kann man auf die Sendetaste nicht verzichten. Duplex-Betrieb ist also immer nur in Verbindung mit einer Küstenfunkstelle realisierbar, um z. B. eine Verbindung ins öffentliche Fernmeldenetz herzustellen.

Semiduplex-Betrieb

Beim Semiduplex-Verfahren hat einer der Teilnehmer, in der Regel die Seefunkstelle, ein Simplex-Gerät, die andere Funkstelle, zumeist die Küstenfunkstelle, eine Duplex-Anlage. Das Gesprächsverfahren richtet sich immer nach dem technisch einfacheren Verfahren. Und das bedeutet, daß die Funkstelle mit dem Simplex-Gerät die Rangfolge zwischen Senden und Empfangen bestimmt.

Selektivrufsysteme

Durch Selektivruf ist es möglich, einzelne oder bestimmte Gruppen von Seefunkstellen auch dann zu unterrichten, daß Funkverkehr für sie vorliegt, wenn die Seefunkstelle nicht besetzt ist. Beim Selektivruf unterscheidet man zwei Arten: das *System mit Einzeltonfolge* (SSFC) und das *Digitale Selektivrufsystem* (DSC) als Komponente des GMDSS. Jede für diese Verfahren ausgerüstete Seefunkstelle erhält zusätzlich zu ihrem Rufzeichen eine Selektiv- bzw. MMSI-Rufnummer.

Bei der Aussendung eines Selektivrufes nach dem SSFC-System werden die einzelnen Ziffern der Nummern in Tonfrequenzen umgesetzt. Die Selektivrufdecoder der Seefunkstellen werten diese Signale aus und zeigen den Empfang des Rufes optisch und akustisch an. Die Aussendung von Selektivrufen erfolgt bei UKW auf Kanal 16 (156,8 MHz). In Deutschland werden Selektivrufnummern nach diesem Verfahren nicht mehr vergeben. Das Digitale Selektivrufsystem (DSC) basiert, wie der Name schon vermuten läßt, auf der Aussendung digitaler Signale. Dieses Anrufverfahren wird ausschließlich auf UKW-Kanal 70 abgewickelt. Beim DSC-System handelt es sich um einen wesentlichen Bestandteil des Weltweiten Seenot- und Sicherheitsfunksystems GMDSS.

Tragbare Funkgeräte

Tragbare Funkgeräte werden im Funkverkehr an Bord für schiffsbetriebliche Zwecke eingesetzt. Für diese Zwecke dürfen sie auch von Personen bedient werden, die nicht Inhaber eines Seefunkzeugnisses sind. Diese *beweglichen Funkstellen* dürfen nur in Verbindung mit der festeingebauten Anlage an Bord betrieben werden. Ein Betrieb an Land ist im Hoheitsgebiet der Bundesrepublik Deutschland nicht zugelassen, ebensowenig auf Kleinfahrzeugen im Binnenschiffahrtsfunk. In fremden Hoheitsgewässern sind die entsprechenden nationalen Vorschriften zu beachten. Im Bereich des GMDSS kommt tragbaren Funkgeräten eine starke Bedeutung zu.

Als zusätzliche, unabhängige Funkanlage gehören Handsprechfunkgeräte zur erweiterten Sicherheitsausrüstung eines Schiffes, z. B. für die Ausstattung der Rettungsinsel.

Die UKW-Sprechfunkanlage

UKW-Sprechfunkgeräte sind in Bauform und Preis mittlerweile mit höherwertigen Autoradio-Anlagen vergleichbar. Weit verbreitet sind Sprechfunkgeräte mit digitaler Anzeige der Kanäle und Funktionen. Eine UKW-Sprech-

UKW-Sprechfunkanlage (Simplex), Sailor RT 2048 (Elna)

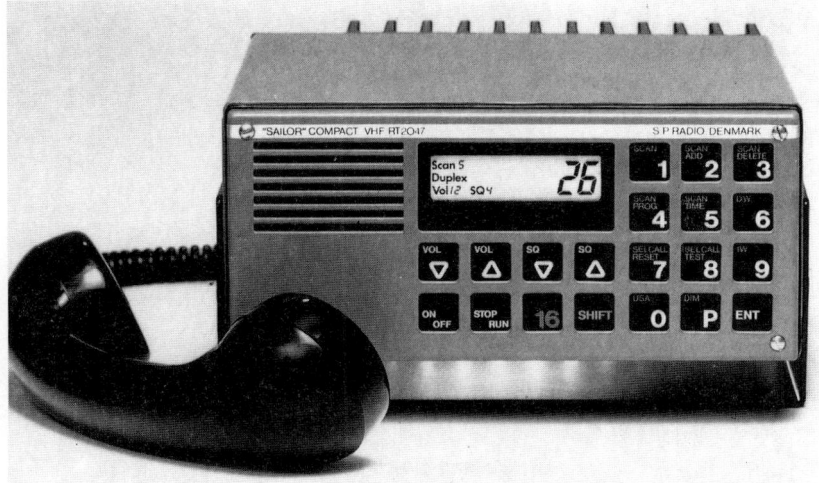

UKW-Sprechfunkanlage (Duplex), Sailor RT 2047 (Elna)

UKW-See- und Binnenschiffahrtsfunkanlage
Skanti Leisure VHF 1000 P ATIS (HDW-Hagenuk)

UKW-Handsprechfunkgerät
ICOM: IC-M1 EURO
(Eissing/Dantronik)

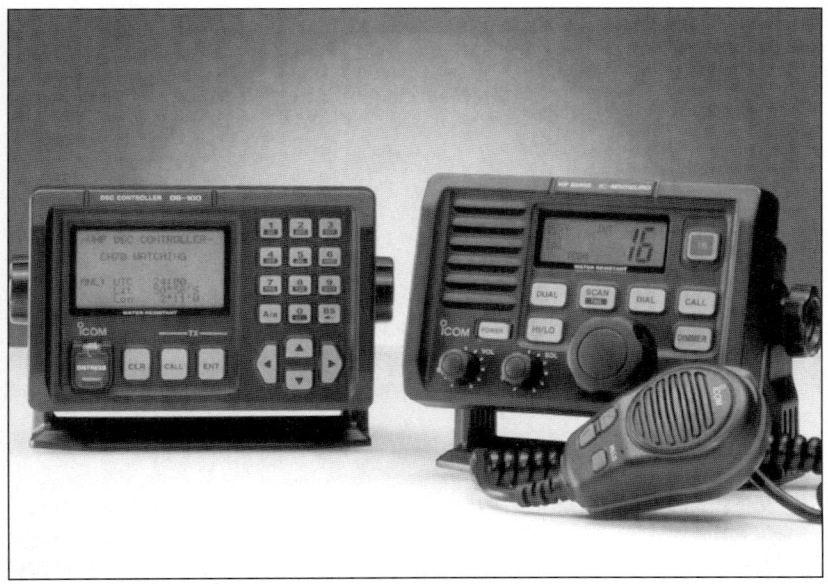

UKW-Sprechfunkanlage ICOM: IC-M501 EURO (Eissing/Dantronik), ATIS-DSC-umschaltbar (DSC-Controller DS-100 optional)

funkanlage besteht an Bord aus der Sende- und Empfangseinheit mit Bedienteil, der Antennenanlage, dem vorgeschriebenen UKW-Hauptschalter und der Spannungsversorgung. Das Bedienteil kann teilweise auch als separate abgesetzte Einheit installiert werden. Die Geräte werden für 12 V oder 24 V Spannungsversorgung angeboten. Wer sowohl am Binnenschifffahrtsfunk als auch am Seefunk teilnehmen will, sollte sich für eine UKW-Sprechfunkanlage mit DSC-Controller entscheiden. Ob es sich dabei um ein Simplex- oder Duplex-Gerät handelt, ist weniger von Bedeutung. Anstelle oder auch zusätzlich zu einem Handsprechfunkgerät kann die Anschaffung einer UKW-Notantenne sinnvoll sein.

Bedienungselemente eines UKW-Sprechfunkgerätes

In der praktischen Prüfung müssen Sie ein UKW-Sprechfunkgerät bedienen können. Doch nur durch Benutzung in der Praxis wird Ihnen die Bedienung vertraut. Und wenn eine gewisse Hemmschwelle besteht, Nachrichten über den Äther zu schicken, hilft auf dem Weg zum souveränen Funker nur die Praxis.

Bedingt durch die Vielfalt der am Markt angebotenen Geräte ist es kaum möglich, allgemeingültige Bedienungshinweise für UKW-Sprechfunkanlagen zu geben. Viele Geräte verfügen über Sonderfunktionen, die zwar nützlich sind, für die Prüfung aber keine Bedeutung haben. Im speziellen Fall sei auf die Bedienungsanleitung des Herstellers verwiesen. Grundsätzliche Funktionen sind allerdings bei modernen Geräten mit digitaler Anzeige ähnlich zu bedienen.

Bei digitalen Geräten wird die Nummer des Kanals im Kanalfenster, auch **Display** genannt, sichtbar. Die Kanäle werden hier in getrennten Ziffern angezeigt. Bei vielen Geräten sind die Tasten, um die Handhabung angeblich *überschaubarer* zu machen, mehrfach belegt. Dies ist jedoch gewöhnungsbedürftig. Erkennen kann man die Doppelbelegung der Tasten am Gerät durch die mehrfache, meist farblich abgesetzte Aufschrift an ein und derselben Taste. So gelangt man an die Zweitfunktionen, wenn die Vortaste *„shift"* betätigt und anschließend die gewünschte Funktion gewählt wird. Mit dem **EIN/AUS-** oder **ON/OFF-Schalter** wird das Gerät in Betrieb genommen. Der **Lautstärkeregler** *„VOL"* hat nur Einfluß auf den Lautsprecher, nicht hingegen auf den Handhörer. Die **Sendeleistung** kann bei UKW-Sprechfunkanlagen zwischen 25 Watt und 1 Watt umgeschaltet werden. Im „Normalzustand" arbeiten die Geräte mit einer Sendeleistung von 25 Watt. Die reduzierte Leistung von 1 W muß gesondert eingestellt werden.

Die Kanäle können direkt über die **Kanaltasten** eingegeben werden. Bei zweistelligen Nummern gibt man zunächst die Zehnerstelle und anschließend die Einerstelle ein. Für die Kanäle 1 bis 9 wird nur eine Ziffer gewählt. Sollte ein Kanal angewählt worden sein, den es nach der Tabelle auf Seite 27 gar nicht gibt, schaltet das Gerät automatisch auf einen regulären

Kanal um. Ein wichtiges Bedienelement ist die **Rauschsperre,** auch *Squelch* genannt, abgekürzt *„SQ".* Mit Hilfe des Squelchreglers kann die Eingangsempfindlichkeit des Empfängers beeinflußt werden. Ist sie groß, hört man starkes Rauschen, bei geringer Empfindlichkeit verstummt das Funkgerät. In diesem Fall würden alle Nachrichten unterdrückt. Das Gerät sollte immer so eingestellt werden, daß das Rauschen gerade nicht mehr hörbar ist.

Durch diese Funktion wird aber auch festgestellt, ob der betreffende Kanal frei ist, das heißt, ob dort Funkverkehr vorliegt oder nicht. Immer dann, wenn bei Betätigung der Rauschsperre *„SQ"* kein Rauschen zu hören ist, wird auf dem Kanal gesendet.

Jetzt könnte man der Frage nachgehen: Warum wird auf dem Kanal gesendet, wenn nichts zu hören ist? Da alle Seefunkstellen auf der gleichen Frequenz senden, ist es möglich, daß auf dem Kanal gesendet wird, man selbst aber nichts hört. Dies ist allerdings nur bei Duplex-Kanälen der Fall. Bei Simplex-Kanälen wird man beide Teilnehmer hören und unmittelbar feststellen, ob der entsprechende Kanal frei oder belegt ist.

Die **Sprechtaste** im Handhörer dient zur Umschaltung zwischen Senden und Empfangen. Treffender müßte man diese Taste als *Sendetaste* bezeichnen, da eigentlich der Sender im Gerät eingeschaltet wird. Somit benötigen auch Duplex-Funkanlagen eine Sendetaste im Handhörer. Beim Abnehmen des Handhörers aus der Halterung sollte darauf geachtet werden, daß nicht gleich die Sprechtaste betätigt wird. An dieser Stelle würde bereits der sogenannte *Träger,* die Frequenz des eingestellten Kanals, gesendet.

Zur schnelleren Handhabung im Notfall dient die **Schnelltaste** Kanal *„16".* Unabhängig davon, auf welchen Kanal das Gerät gerade eingestellt ist: Durch Betätigen der Schnelltaste gelangt man zum Kanal 16.

Eine nützliche Funktion ist die **Zwei-Kanal-Überwachung** *„D.W.",* was soviel bedeutet wie *dual watch.* Hierdurch wird die wechselseitige Überwachung von zwei Kanälen möglich. Einer der beiden Kanäle aber ist immer Kanal 16.

Nehmen wir an, es sollen die Küstenfunkstelle Kiel Radio auf dem Arbeitskanal 23 und der internationale Not-, Sicherheits- und Anrufkanal 16 abgehört werden. Hierzu wird das Gerät mittels der Kanaltasten auf den Kanal 23 eingestellt. Danach wird die Zwei-Kanal-Überwachung aktiviert. Das Gerät schaltet nun zwischen Kiel Radio und dem Kanal 16 hin und her. So verpaßt man keine Meldung. Liegt auf einem dieser Kanäle Verkehr vor, schaltet man einfach direkt den betreffenden Kanal ein.

Bei Geräten mit **Dimmerfunktion,** abgekürzt „DIM", kann die Helligkeit des *Displays* variiert werden. So wird für unterschiedliche Lichtverhältnisse die Anzeige zumeist stufenweise verändert.

Zulassung und Genehmigung von Seefunkanlagen

Gemäß *Telekommunikationsgesetz* (TKG) ist das **Errichten** von Funkanlagen auf deutschen Schiffen genehmigungsfrei. Es dürfen aber nur solche Funkanlagen errichtet werden, die von der *Regulierungsbehörde für Telekommunikation und Post* (Reg TP) zugelassen und mit einem Zulassungszeichen bzw. CE gekennzeichnet sind.

Allein der Besitz von nicht zugelassenen Funkanlagen ist in Deutschland strafbar – davon betroffen sind also alle Schiffe, welche die Bundesflagge führen, selbst wenn sie ihren ständigen Liegeplatz im Ausland haben.

Somit verbleibt noch, das **Betreiben** der Funkanlage zu beantragen. Dafür sind zwei Instanzen zuständig: die *Regulierungsbehörde für Telekommunikation und Post* (Reg TP) für die hoheitsrechtliche Frequenzzuteilung für die Funkstelle und, sofern gewünscht, für die Teilnahme am öffentlichen Funkverkehr.

Wir merken uns:

Errichten der Anlage durch den Eigentümer: genehmigungsfrei
Betreiben der Anlage durch den Eigentümer: nach Frequenzzuteilung
Bedienen der Anlage: nur durch Zeugnisinhaber
Benutzen der Anlage: von jedem, aber unter Aufsicht eines Zeugnisinhabers

Frequenzzuteilung bei Seefunkstellen

Entsprechend *Telekommunikationsgesetz (TKG)* bedarf die Frequenznutzung der vorherigen Frequenzzuteilung durch die *Regulierungsbehörde für Telekommunikation und Post (Reg TP)*. Frequenzzuteilungen für See- und Schiffsfunkstellen erteilt auf Antrag die *Reg TP, Außenstelle Hamburg*. Für Funkstellen, die lediglich am Binnenschiffahrtsfunk teilnehmen, wird der Antrag an die *Reg TP, Außenstelle Mülheim/Ruhr,* gerichtet.

Neben der Art des Fahrzeuges sowie dessen Unterscheidungssignal muß auch angegeben werden, über welche der zugelassenen *Abrechnungsgesellschaften* die Verkehrsabrechnung erfolgen soll (siehe Seite 73).

Eine Seefunkstelle darf erst nach Frequenzzuteilung in Betrieb genommen werden und wenn die entsprechende Urkunde ausgehändigt wurde. Die Urkunde ist so aufzubewahren, daß sie auf Verlangen der Behörden, auch ausländischer Behörden, jederzeit vorgewiesen werden kann. Das gleiche betrifft Ihr künftiges Seefunkzeugnis.

Teilnahme am öffentlichen Seefunkdienst

Die Teilnahme am öffentlichen Seefunkdienst muß bei einer Abrechnungsgesellschaft beantragt werden (siehe Seite 73). Seefunkstellen sind damit berechtigt, eine Gesprächsverbindung über eine Küstenfunkstelle mit einem Teilnehmer an Land zu verlangen. In Deutschland wird der öffentliche Funkverkehr über DP07-Seefunk abgewickelt. In der Frequenzzuteilungsurkunde wird die Teilnahme am öffentlichen Seefunkdienst durch die Verkehrsart „CP" dokumentiert.

Funkstellen, für die kein Auftrag besteht, dürfen lediglich am sogenannten nichtöffentlichen Funkverkehr teilnehmen. Hierzu zählen der Schiff-Schiff-Verkehr oder Anrufe an Schleusen, Brücken oder Häfen. In der Verkehrsrichtung Land – See kann die Seefunkstelle von einer Küstenfunkstelle des öffentlichen Funkverkehrs jedoch gerufen und mit einem Landteilnehmer verbunden werden.

See- bzw. Schiffsfunkstellen ohne See- oder Binnenschiffahrtsfunkanschluß wird die Verkehrsart „CR" zugeordnet.

Änderung der Frequenzzuteilungsurkunde

Ändern sich die Eigentumsverhältnisse oder der Name des Schiffes, muß die Reg TP schriftlich darüber informiert werden. Und bei Verkauf des Schiffes ist die Frequenzzuteilungsurkunde zurückzugeben. Das gilt auch dann, wenn auf die Teilnahme am öffentlichen Seefunkdienst verzichtet wird.

Für die Änderungen werden Gebühren erhoben.

5 Kennzeichnung der Funkstellen

Grundsätzlich darf keine Aussendung ohne die Angabe des eigenen Stationsnamens erfolgen. Zur Kennzeichnung der Funkstellen werden *Rufzeichen* vergeben. Das Rufzeichen soll zusammen mit dem Namen des Schiffes eine zweifelsfreie Identifizierung der Seefunkstellen ermöglichen. Auch Küstenfunkstellen haben im Sprechfunkverkehr ein Rufzeichen.

Kennzeichnung von Seefunkstellen

Mit der Frequenzzuteilung wird von der Reg TP das Rufzeichen vergeben. Ist das Schiff im Schiffsregister eingetragen, wird das Unterscheidungssignal der Registerbehörde als Rufzeichen verwendet. Gemäß den *Radio Regulations* werden für deutsche Seefunkstellen Rufzeichen aus der internationalen Rufzeichenreihe zwischen DAAA und DRZZ gebildet.
Schiffe, die nicht im Schiffsregister verzeichnet sind – das trifft für die meisten Sportboote zu –, erhalten ihr Rufzeichen unmittelbar von der Regulierungsbehörde für Telekommunikation und Post (Reg TP), Außenstelle Hamburg. Das Rufzeichen besteht dann aus *zwei Buchstaben,* von DA bis DJ, und *vier Ziffern.*
Es gibt aber auch noch deutsche Seefunkstellen mit Rufzeichen aus der Rufzeichenreihe Y2AA bis Y9ZZ. Hierbei handelt es sich um Funkstellen der ehemaligen DDR. Tragbare Funkgeräte für den UKW-Sprechfunk erhalten kein separates Rufzeichen.

Kennzeichnung von Küstenfunkstellen

Bei der Kennzeichnung von Küstenfunkstellen (KüFuSt) wird dem geographischen Namen des Ortes das Wort *Radio* nachgestellt. Beispiel: *Kiel*

Radio. Bei der Angabe „Radio Tidenhub" handelt es sich dagegen um einen lokalen Unterhaltungssender im Hörfunk.

Des weiteren werden Küstenfunkstellen danach unterschieden, ob sie für den öffentlichen Funkverkehr oder den nichtöffentlichen Funkverkehr zugelassen sind. KüFuSt des nichtöffentlichen Funkdienstes gehören zum *Revier- und Hafenfunkdienst* bzw. zum *Schiffslenkungsfunkdienst.*

Küstenfunkstellen für den öffentlichen Funkverkehr

Über Küstenfunkstellen (KüFuSt) für den öffentlichen Funkverkehr können Verbindungen in das öffentliche Telefonnetz hergestellt werden. Die KüFuSt vermitteln Gespräche in den Verkehrsrichtungen See–Land und Land–See. DP07-Seefunk unterhält die Betriebszentrale Hamburg Radio. Alle anderen KüFuSt wie beispielsweise Kiel Radio werden fernbedient. Eine Gesprächsverbindung von Land nach See ist unter folgender Rufnummer möglich:

Hamburg Radio   0 40 / 23 85 57 82

Küstenfunkstellen für den nichtöffentlichen Funkverkehr

Der nichtöffentliche Funkverkehr umfaßt den schiffsbetrieblichen Funkverkehr. Verbindungen in das öffentliche Telefonnetz sind über Küstenfunkstellen des nichtöffentlichen Funkverkehrs nicht zugelassen. Im Anschluß an ihre geographische Bezeichnung enthalten Rufzeichen für Küstenfunkstellen des nichtöffentlichen Funkverkehrs Angaben über die Art des Dienstes und erst danach das Wort *Radio.* So wird beispielsweise die Schiffslenkung im Hamburger Hafen über *Hamburg Port Radio* abgewickelt. Bei Anrufen an KüFuSt des Revier- und Hafenfunkdienstes wird allerdings das

Wort *Radio* weggelassen. Die Küstenfunkstellen für den nichtöffentlichen Funkverkehr leisten folgende Dienste:

... *Radar Radio*	Radarberatung
... *Pilot Radio*	Lotseneinsatz
... *Port Radio*	Hafenabfertigung
... *Kanal Radio*	Verkehrsabwicklung im Nord-Ostsee-Kanal
... *Lock Radio*	Verkehrsregelung an Schleusen
... *Traffic Radio*	Sicherung des Schiffsverkehrs auf dem Revier
... *Bridge Radio*	Verkehrsregelung an Brücken
... *Report Radio*	Schiffsmeldedienst

6 Dienstbehelfe

Dienstbehelfe sind Unterlagen und Bestimmungen für die praktische Betriebsabwicklung an Bord. Umfassende Angaben über die Verkehrs- bzw. Betriebsabwicklung enthalten
– das Handbuch Seefunk sowie, für aktuelle Veränderungen im Seefunk,
– die Mitteilungen für Seefunkstellen und Schiffsfunkstellen (MfS).
Des weiteren sollten Unterlagen und Angaben zu Küstenfunkstellen des öffentlichen Funkverkehrs bzw. des Revier- und Hafenfunkdienstes im betreffenden Fahrtgebiet mitgeführt werden, beispielsweise der Jachtfunkdienst Nord- und Ostsee oder Mittelmeer (als Auszug aus dem Handbuch Nautischer Funkdienst für die Sport- und Küstenschiffahrt) oder das Handbuch Nautischer Funkdienst. Im deutschen Küstengebiet stehen die Dienstleistungen von DP07-Seefunk zur Verfügung.

Handbuch Seefunk

Das Handbuch Seefunk enthält und erläutert die für den Betrieb geltenden internationalen und nationalen Bestimmungen über den Seefunkdienst einschließlich der besonderen Funkdienste für die Seeschiffahrt. Es enthält auch die sogenannten Q-Gruppen, internationale Textkürzel, die man bei Sprachschwierigkeiten, die beispielsweise im Verkehr mit ausländischen Funkstellen auftreten können, benutzen kann.
Im übrigen wird im Handbuch Seefunk empfohlen, in solchen Fällen das Internationale Signalbuch zu verwenden; dies wird im Sprechfunk durch die Abkürzung INTERCO angekündigt (Bedeutung: „Es folgen Gruppen aus dem Internationalen Signalbuch").
Das Handbuch Seefunk wird bei Bedarf neu herausgegeben. Zwischenzeitlich eintretende Änderungen und Neuerungen im Funkdienst werden in den Mitteilungen für Seefunkstellen und Schiffsfunkstellen (MfS) veröffentlicht.

Mitteilungen für Seefunkstellen und Schiffsfunkstellen

Durch die *Mitteilungen für Seefunkstellen und Schiffsfunkstellen (MfS)* werden die Funkstellen über alle wichtigen Änderungen und Neuerungen im See- und Binnenschiffahrtsfunk unterrichtet. Die MfS erscheinen in unregelmäßigen Abständen. Inhaber von Funkstellen erhalten sie automatisch und kostenlos.

Dienstleistungen von DP07-Seefunk

Die Übersichtskarte auf Seite 46 zeigt die Versorgungsbereiche und Arbeitskanäle der UKW-Küstenfunkstellen von DP07-Seefunk. Außer auf den Arbeitskanälen sind die Küstenfunkstellen für Anrufe auch auf Kanal 16 empfangsbereit. Vorzugsweise ist jedoch der angegebene Arbeitskanal zu benutzen.

Im DSC-Betriebsverfahren können die Küstenfunkstellen auch über die **digitalen Selektivrufnummern (MMSI)** gerufen werden:

MMSI 002113100   Bereich Nordsee
MMSI 002113200   Bereich Ostsee

Seefunkstellen mit DSC-Funkeinrichtungen können sich künftig über Küstenfunkstellen von DP07-Seefunk per **dialphone call** direkt ins öffentliche Fernmeldenetz einwählen.

Küstenfunkstellen fassen Anrufe an Seefunkstellen, für die sie Verkehr vorliegen haben, zu sogenannten **Sammelanrufen** zusammen. Diese werden vor oder nach den Wetterberichten ausgestrahlt. Sie enthalten in alphabetischer Reihenfolge die Rufzeichen der Seefunkstellen. Im Anschluß an die Aussendung melden sich die gerufenen SeeFuSt bei den Küstenfunkstellen und lassen sich mit dem anrufenden Landteilnehmer verbinden. Auch mit Selektivruf ausgerüstete Seefunkstellen sollten zumindest einmal täglich die Sammelanrufe aufnehmen.

45

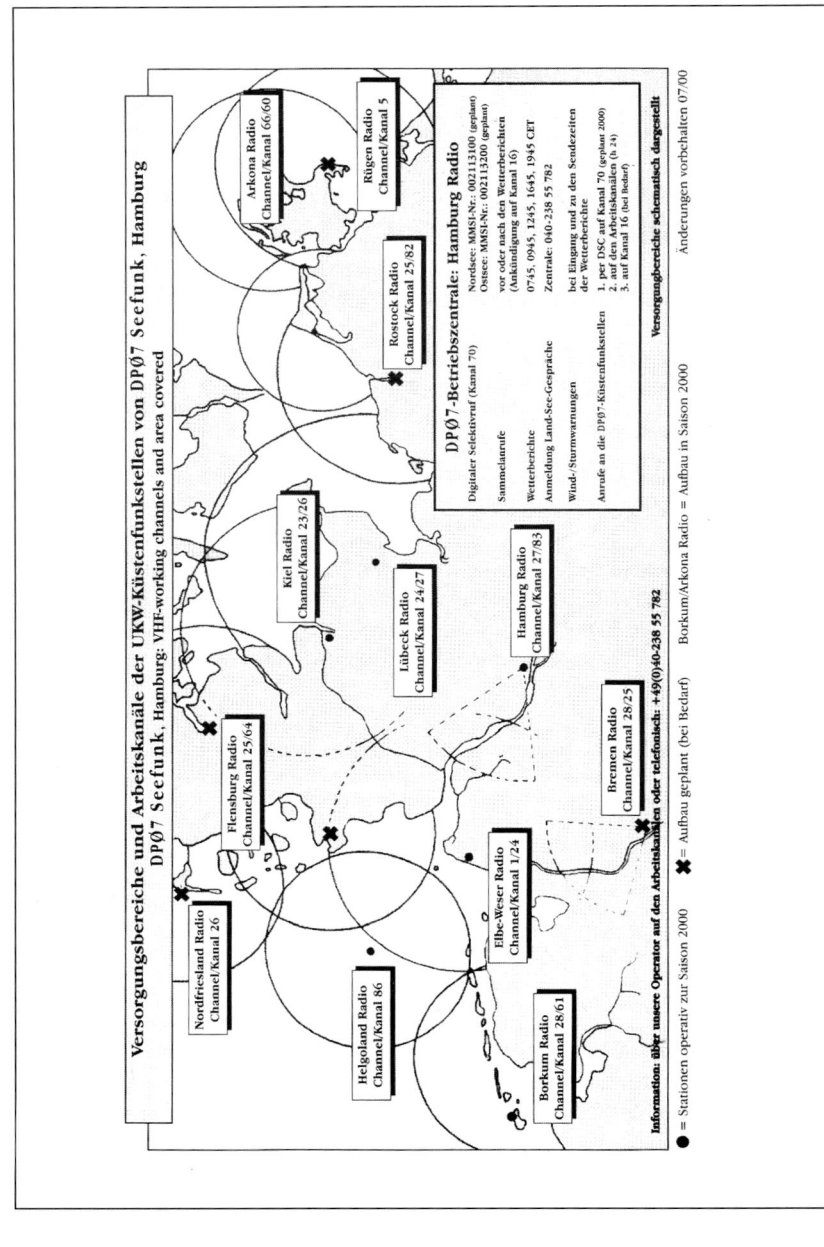

Versorgungsbereiche und Arbeitskanäle der UKW-Küstenfunkstellen von DP07 Seefunk, Hamburg

DP07 Seefunk, Hamburg: VHF-working channels and area covered

Arkona Radio
Channel/Kanal 66/60

Rügen Radio
Channel/Kanal 5

Rostock Radio
Channel/Kanal 25/82

DP07-Betriebszentrale: Hamburg Radio

Digitaler Selektivruf (Kanal 70)	Nordsee: MMSI-Nr.: 002113100 (geplant)
	Ostsee: MMSI-Nr.: 002113200 (geplant)
Sammelanrufe	vor oder nach den Wetterberichten
	(Ankündigung auf Kanal 16)
Wetterberichte	0745, 0945, 1245, 1645, 1945 CET
Anmeldung Land-See-Gespräche	Zentrale: 040-238 55 782
Wind-/Sturmwarnungen	bei Eingang und zu den Sendezeiten der Wetterberichte
Anrufe an die DP07-Küstenfunkstellen	1. per DSC auf Kanal 70 (geplant 2000)
	2. auf den Arbeitskanälen (h 24)
	3. auf Kanal 16 (bei Bedarf)

Versorgungsbereiche schematisch dargestellt

Änderungen vorbehalten 07/00

Kiel Radio
Channel/Kanal 23/26

Lübeck Radio
Channel/Kanal 24/27

Hamburg Radio
Channel/Kanal 27/83

Flensburg Radio
Channel/Kanal 25/64

Nordfriesland Radio
Channel/Kanal 26

Elbe-Weser Radio
Channel/Kanal 1/24

Bremen Radio
Channel/Kanal 28/25

Helgoland Radio
Channel/Kanal 86

Borkum Radio
Channel/Kanal 28/61

Information: über unsere Operator auf den Arbeitskanälen oder telefonisch: +49(0)40-238 55 782

● = Stationen operativ zur Saison 2000   ✖ = Aufbau geplant (bei Bedarf)   Borkum/Arkona Radio = Aufbau in Saison 2000

Des weiteren strahlt DP07-Seefunk über UKW auf den Arbeitskanälen der Küstenfunkstellen einen ausführlichen **Wetterbericht** für Nord- und Ostsee aus: die Wetterlage, die Vorhersage für 12 Stunden sowie die Aussichten für weitere 12 Stunden. Sendezeiten: ganzjährig 0945, 1245, 1645 (Ortszeit), zusätzlich während der Saison (März–Oktober) 0745, 1945 (Ortszeit). Wind- und Sturmwarnungen werden bei Eingang und zu den Sendezeiten der Wetterberichte gesendet.

Kunden, die mit ihrer Handy-E-Mail-Adresse beim DP07-Seefunk registriert sind, erhalten den Wetterbericht per E-Mail.

Außer Seefunkgesprächen von und nach See vermitteln die KüFuSt von DP07-Seefunk ärztliche Ratschläge und Gespräche mit dem Funkarzt (s. S. 66) oder Hausarzt.

Weitere Informationen über den aktuellen Stand sowie Dienstleistungen von DP07-Seefunk sind zu beziehen über:

UKW, Mitteilungen an alle Seefunkstellen (Sammelanrufe abhören)
Hotline der Betriebszentrale Hamburg, Tel. 0 40/23 85 57 82
INTERNET Adresse www.dp07.de

Jachtfunkdienst

Der *Jachtfunkdienst Nord- und Ostsee* und der *Jachtfunkdienst Mittelmeer,* herausgegeben vom *Bundesamt für Seeschiffahrt und Hydrographie (BSH),* sind für nichtausrüstungspflichtige Fahrzeuge bestimmt, die mit einer Seefunkanlage oder einem Funkempfangsgerät ausgerüstet sind. Die Angaben sind dem *Handbuch Nautischer Funkdienst* entnommen.

Der Jachtfunkdienst erscheint jährlich neu. Sein Inhalt gliedert sich, auf farblich voneinander unterschiedenen Seiten, in „Funkverkehr", „Funkortung" und „Wetterfunk".

Zeitangaben im Seefunkverkehr

In Dienstbehelfen wird die Zeit häufig in UTC angegeben. UTC ist die Abkürzung für *Universal Time Coordinated* (koordinierte Weltzeit). UTC ist der weltweite Bezugspunkt für Zeitangaben. Die Erde ist in 24 sogenannte Zeitzonen aufgeteilt. Für die *mitteleuropäische Zeit (MEZ)*, unsere Zeitzone, beträgt die Zeitverschiebung zum Bezugspunkt eine Stunde. Da wir uns östlich des Nullmeridians von Greenwich befinden, muß die Stunde hinzuaddiert werden. Zur Ermittlung der *Ortszeit* ist während der Sommerzeit zusätzlich eine Stunde vorzuhalten. Wird beispielsweise ein Wetterbericht um 1045 UTC ausgestrahlt, muß man sich in den Sommermonaten in Deutschland um 1245 Uhr und in England um 1145 Uhr Ortszeit vor den Funkempfänger setzen.

Funktagebuch

Bei jeder Seefunkstelle ist grundsätzlich ein Funktagebuch zu führen. Ausschließlich mit UKW-Seefunkanlagen ausgerüstete Seefunkstellen sind von der Pflicht zur Führung eines Funktagebuches befreit. Das Funktagebuch ist eine Urkunde. Es ist so zu behandeln, daß das Fernmeldegeheimnis gewahrt bleibt. Bei Unregelmäßigkeiten an der Funkanlage oder in der Betriebsabwicklung kann die SeeFuSt zur Führung eines Funktagebuches verpflichtet werden.

7 Verkehrsabwicklung

Nachdem in den vorangegangenen Abschnitten Grundlagen für den Aufbau von Seefunkanlagen bzw. den Dienst bei Seefunkstellen erarbeitet wurden, geht es im weiteren Verlauf um die praktische Verkehrsabwicklung. Anhand von typischen Beispielen sollen die Abwicklung von Gesprächsanmeldungen sowie Not-, Dringlichkeits- und Sicherheitsaussendungen erläutert werden. Sofern für Aussendungen Frequenzen und Geräte des GMDSS benutzt werden, sind die Bestimmungen und Ausführungen zum Betriebsverfahren für DSC anzuwenden (siehe Seite 132 ff.).

Rangfolge des Verkehrs im Seefunkdienst

Im internationalen Seefunkdienst müssen Nachrichten, welche die Sicherheit des menschlichen Lebens auf See betreffen, vorrangig behandelt werden. Zur Gewährleistung dieses Grundsatzes ist die Rangfolge des Verkehrs im Seefunkdienst zu beachten:

1. Seenotverkehr
2. Dringlichkeitsverkehr
3. Sicherheitsverkehr
4. Funkverkehr von Brücke zu Brücke
.
.
10. private Seefunktelegramme und -gespräche

Private Seefunktelegramme und -gespräche sind also erst am Schluß zugelassen.
Als Inhaber eines Seefunkzeugnisses an Bord einer Yacht müssen Sie sich vor jeder Aussendung vergewissern, daß kein Verkehr höherer Priorität gestört wird.

Die drei Funkerregeln

Bei der Abwicklung des Verkehrs sind grundsätzlich die drei Funkerregeln zu befolgen. Im Prinzip spiegeln diese Regeln stark vereinfacht und zusammengefaßt die Betriebsvorschriften wider.

1. Erst hören – dann senden!
Diese Anforderung entspricht genau dem bereits genannten Gebot der Rangfolge des Verkehrs. Es soll kein laufender Verkehr gestört werden.

2. Keine Aussendung ohne eigenen Stationsnamen!
Hierdurch soll die Identifizierung der rufenden Funkstelle sichergestellt werden. Nur so wird gewährleistet, daß die rufende Funkstelle selbst wieder angesprochen werden kann. Auch Versuchssendungen sind mit dem Rufzeichen bzw. dem Namen der Funkstelle zu versehen.

3. Keine unnötigen Aussendungen!
Alle Aussendungen sind auf das notwendigste Maß zu beschränken. Durch die weite Verbreitung von Sprech-Seefunkstellen kommt es häufig zu erheblichen Überlastungen einzelner Kanäle. Hiervon sind besonders die Schiff-Schiff-Kanäle betroffen. Diese dritte Funkerregel bedeutet jedoch nicht, daß der Yachtskipper in irgendeiner Weise der Berufsschiffahrt untergeordnet ist.

Aussendungen zu Testzwecken

Versuchssendungen müssen auf das Notwendigste beschränkt bleiben und wenn möglich mit reduzierter Sendeleistung ausgeführt werden. Den Aussendungen, die nicht länger als 10 Sekunden dauern sollen, sind das Wort „Test" und das Rufzeichen anzufügen.

Anrufe und ihre Beantwortung

Das Anrufverfahren stellt die Grundlage für die gesamte praktische Verkehrsabwicklung dar. Auf dieser Grundform basieren alle weiteren Anrufe, von den TR-Angaben (s. S. 55) bis hin zum Notgespräch.

Der Erstanruf

Bevor eine Seefunkstelle eine Küsten- oder Seefunkstelle ruft, muß sie sich anhand der Dienstbehelfe darüber informieren, auf welchem Kanal der Anruf bzw. die Verkehrsabwicklung erfolgen kann. Danach muß sie sich vergewissern, daß kein laufender Funkverkehr gestört wird. Denken Sie an die erste Funkerregel!
Der Erstanruf hat folgenden Inhalt:

– *höchstens dreimal der Name der gerufenen Funkstelle*
– *die Wörter HIER IST*
– *höchstens dreimal der Name der rufenden Funkstelle*

Wenn die Bedingungen zum Herstellen der Verbindung gut sind (keine Störungen, kurze Distanz), braucht der Name der gerufenen Funkstelle nur *einmal* und der Name der rufenden Funkstelle nur *zweimal* übermittelt zu werden.
Dem Anruf ist weiterhin hinzuzufügen:

– *der Grund für den Anruf (Gesprächsanmeldung, TR-Angaben etc.)*
– *die Nummer des Kanals für die Verkehrsabwicklung (sofern nötig)*
– *die Wörter BITTE KOMMEN bzw. OVER*

Im folgenden Beispiel ruft die Segelyacht DOROTHEA/DHWD die Küstenfunkstelle Kiel Radio. Sie bittet um ein Gespräch nach Hamburg, Rufnummer 040/7654321.
Der Anruf würde auf Arbeitskanal 23 abgewickelt und wie folgt lauten:

KIEL RADIO   KIEL RADIO   KIEL RADIO
hier ist
DOROTHEA   DOROTHEA   DOROTHEA/DHWD
ich habe ein Gespräch für Sie
over

Kiel Radio antwortet:

DOROTHEA   DOROTHEA   DOROTHEA/DHWD
hier ist
KIEL RADIO   KIEL RADIO   KIEL RADIO
Sie wünschen ein Gespräch, welche Rufnummer bitte?
over

Nachdem die Verbindung sichergestellt ist, gibt die DOROTHEA die gewünschte Rufnummer und ihre Abrechnungskennung (s. S. 73) an:

KIEL RADIO
hier ist
DOROTHEA/DHWD
bitte Hamburg 040/7654321
meine Abrechnungskennung ist DP07
over

Sofern die Verbindung hergestellt ist, das heißt, nachdem die gerufene Funkstelle geantwortet hat, werden die Namen nur noch *einmal* gesprochen.
Statt „...hier ist... " kann bei Sprachschwierigkeiten „DE" benutzt werden, buchstabiert DELTA ECHO (siehe Buchstabiertafel auf Seite 162).

Wiederholen des Anrufs

Ein nicht beantworteter Anruf darf in Abständen von *drei Minuten* wiederholt werden, sofern sich die anrufende Funkstelle davon überzeugt hat, daß der neue Anruf keinen laufenden Verkehr stört. Kann man jedoch mit einer

Küstenfunkstelle auf einem ihrer Arbeitskanäle eine zuverlässige UKW-Verbindung herstellen, darf ein unbeantworteter Anruf wiederholt werden, sobald sichergestellt ist, daß der Sprechfunkverkehr bei der Küstenfunkstelle nicht gestört wird.

Anruf an eine Küstenfunkstelle

Obgleich Küstenfunkstellen in der Regel auf Kanal 16 empfangsbereit sind, ruft eine Seefunkstelle eine Küstenfunkstelle auf dem entsprechenden Arbeitskanal an. Vor dem Anruf an eine fremde Küstenfunkstelle sollte man zunächst die übliche Verkehrsabwicklung verfolgen. Häufig ist, so auch das Verfahren bei deutschen Küstenfunkstellen von DP07-Seefunk, vor dem eigentlichen Anruf für das Öffnen des Arbeitskanals eine Betätigung der Sprechtaste von mindestens 6 s Dauer erforderlich. Nach erfolgreicher Signalisierung ertönt alle 9 s ein Halteton, bis der Anruf beantwortet ist. Wird ein Anruf innerhalb einer Minute nicht beantwortet, kann er nach drei Minuten wiederholt werden.

Anruf an eine Seefunkstelle

Neben Funkverkehr mit Küstenfunkstellen betreiben Seefunkstellen vor allem Funkverkehr untereinander. Der Anruf erfolgt in gleicher Weise wie beim Anruf an eine KüFuSt. Da bei Gesprächen zwischen SeeFuSt über UKW keine Gebühren entstehen, muß auch keine Abrechnungskennung angegeben werden.
Im Schiff-Schiff-Verkehr ist jedoch zu beachten, auf welchem Kanal die andere SeeFuSt gerufen wird. Sofern vorher nichts anderes vereinbart wurde, ist dies nur auf *Kanal 16* sinnvoll, denn nur dort ist die SeeFuSt hörbereit. Die weitere Gesprächsabwicklung darf hingegen nur auf einem Schiff-Schiff-Kanal durchgeführt werden. Anrufe auf UKW-Kanal 16 dürfen, mit Ausnahme von Not-, Dringlichkeits- und Sicherheitsfällen, höchstens eine Minute dauern.

Im folgenden Beispiel will die Segelyacht DOROTHEA /DHWD das Fährschiff HAMBURG / C6CQ2* anrufen und um ein Gespräch mit dem zuständigen Arzt an Bord bitten. Das Gespräch findet zweckmäßigerweise auf dem internationalen Schiff-Schiff-Kanal 6 statt.

Der Anruf erfolgt zunächst auf Kanal 16:

HAMBURG   HAMBURG   HAMBURG/C6CQ2
hier ist
DOROTHEA   DOROTHEA   DOROTHEA/DHWD
ich habe ein Gespräch für Sie
schlage vor Kanal 6 beide
over

Die HAMBURG wird wie folgt antworten:

DOROTHEA   DOROTHEA   DOROTHEA/DHWD
hier ist
HAMBURG   HAMBURG   HAMBURG/C6CQ2
habe verstanden Kanal 6 beide – schalte um
over

Nun erfolgt der gleiche Anruf nochmals auf *Kanal 6*. Da die Verbindung zur HAMBURG bereits hergestellt ist, reicht die einmalige Nennung der Schiffsnamen.

HAMBURG/C6CQ2
hier ist
DOROTHEA/DHWD
ich wünsche ein Gespräch mit dem Bordarzt
over

---

* Die HAMBURG fährt unter der Flagge der Bahamas.

TR-Angaben

TR steht für *Travel Report* und bedeutet *Meldung über Reiseweg.* Küsten-funkstellen können mit der Abkürzung *TR* die Seefunkstellen auffordern, Angaben zu machen über
– den *Schiffsnamen,*
– den *Standort,* den *Reiseweg* und die *Geschwindigkeit* sowie
– den *nächsten Anlaufhafen.*
SeeFuSt sollen jedoch solche TR-Angaben, wann immer es für angebracht erscheint, auch von sich aus übermitteln. Nur so wird sichergestellt, über welche KüFuSt das Schiff erreichbar ist. In dringenden Fällen läßt sich dar-über hinaus der Weg eines Schiffes nachvollziehen. – In unserem Beispiel läuft das Fährschiff HAMBURG/C6CQ2 von Hamburg zu einer Fahrt nach Harwich (England) aus. Es informiert hierüber die KüFuSt *Hamburg Radio* auf UKW-Kanal 27.

HAMBURG RADIO
hier ist
HAMBURG   HAMBURG/C6CQ2
ich habe ein TR für Sie
over

Hamburg Radio antwortet:
HAMBURG/C6CQ2
hier ist
HAMBURG RADIO
bitte bringen Sie Ihr TR
over

Die HAMBURG übermittelt ihre Angaben:
HAMBURG RADIO
hier ist
HAMBURG/C6CQ2
verlassen soeben Hafengrenze auf dem Weg nach Harwich
ETA Harwich morgen um 1000 UTC
over

55

Der Erstanruf an *Hamburg Radio* erfolgt hierbei nur in Kurzform, da, wie bereits erwähnt, die Distanz zwischen den Funkstellen nur sehr gering ist. *ETA* bedeutet *estimated time of arrival,* also voraussichtliche Ankunftszeit. ETA-Angaben beziehen sich in der Regel auf UTC. Derartige Abkürzungen sollen die Abwicklung bei nautischen Meldungen, insbesondere im Funkdienst, vereinfachen.

Sprechfunkverfahren im NON-GMDSS

Das Sprechfunkverfahren im NON-GMDSS ist nur für den relevant, der lediglich das UKW-Sprechfunkzeugnis erwerben möchte, und zwar für eine Seefunkstelle ohne DSC.

Notverkehr

Der Notverkehr umfaßt neben dem *Notanruf* und der eigentlichen *Notmeldung* die *Bestätigung* einer Notmeldung, die *Weiterverbreitung* einer Notmeldung, den *eingeschränkten Betrieb* während eines Notfalls, die *Störung* des Notverkehrs sowie die *Beendigung* des Notverkehrs.
Nicht nur in der Prüfung, sondern vor allem in der Praxis sollten Sie zumindest wissen, wie man in Notsituationen für sich selbst bzw. für andere Hilfe herbeiführen kann.

Eine mobile Funkstelle in Not darf durch keine Bestimmung daran gehindert werden, alle ihr zur Verfügung stehenden Mittel zu nutzen, um die Aufmerksamkeit auf sich zu lenken und Hilfe zu erlangen.

Das gleiche gilt für Funkstellen, die der Funkstelle in Not beistehen. In einer Notsituation kann somit auch auf das sonst vorgeschriebene Sprechfunkzeugnis verzichtet werden.
● Der Notanruf darf nur auf Anordnung des Kapitäns oder der für das Fahrzeug verantwortlichen Person ausgesendet werden. An Bord eines Sportbootes wäre dies der Skipper.

● Der Notverkehr hat Vorrang vor jedem anderen Verkehr.

● Alle Funkstellen, die ihn hören, müssen jede Aussendung, die den Notverkehr stören könnte, sofort unterlassen.

● Alle Funkstellen müssen den Notanruf und die Notmeldung, woher sie auch kommen mögen, aufnehmen und entsprechend handeln.

● Der Notanruf darf nicht an eine bestimmte Funkstelle gerichtet sein.

● Der Empfang darf erst bestätigt werden, wenn die dem Notanruf folgende Notmeldung übermittelt worden ist.

Notzeichen, Notanruf und Notmeldung

Sicherlich kennen Sie das Notzeichen SOS für den Telegrafiefunk. Das Sprechfunk-**Notzeichen** besteht aus dem Wort

MAYDAY.*

Das Notzeichen zeigt an, daß eine mobile Funkstelle (See- oder Luftfahrzeug) oder eine Person in Not ist und sofortige Hilfe benötigt. Dementsprechend darf das Notzeichen nicht nur verwendet werden, wenn Gefahr für das gesamte Schiff und dessen Besatzung besteht, sondern auch schon bei unmittelbarer Gefahr für eine Person – die klassische Mann-über-Bord-Situation also (international: **POB** = person over board).

Der **Notanruf** besteht im Sprechfunk aus:
– *dem dreimal zu sprechenden Notzeichen MAYDAY*
– *den Wörtern HIER IST*
– *dem höchstens dreimal zu sprechenden Rufzeichen*

Seefunkstellen verwenden beim Rufzeichen zweckmäßigerweise höchstens dreimal den Schiffsnamen, dem einmal das buchstabierte Rufzeichen folgt.
Unmittelbar nach dem Notanruf erfolgt die eigentliche **Notmeldung.** Diese beinhaltet alle Angaben, die den Havaristen in seiner Situation umschreiben und für seine Rettung zweckdienlich sind. Gemäß *Handbuch Seefunk* besteht die Notmeldung aus:

---

*ausgesprochen *mädeh*

- *dem Notzeichen*
- *dem Namen der Funkstelle in Not*
- *den Angaben über den Standort*
- *den Angaben über die Art des Notfalls und die Art der erbetenen Hilfe*
- *jeder anderen Angabe, die die Hilfeleistung erleichtern könnte*

Der Standort sollte möglichst nach geographischer Breite und Länge angegeben werden: die Breitengrade zweistellig, die Längengrade dreistellig.

Abgabe einer Notmeldung

Die internationale Not- und Sicherheitsfrequenz ist 156,8 MHz bzw. Kanal 16. Der gesamte Notverkehr im UKW-Sprechfunkdienst wird vorzugsweise auf dieser Frequenz abgewickelt. Ein Notfall wird eingeleitet durch:

- *den Notanruf*
- *die Notmeldung*
- *das Peilzeichen*
- *das Rufzeichen*
- *die Wörter BITTE KOMMEN bzw. OVER*

Der *Notanruf* und die *Notmeldung* wurden bereits beschrieben. Das *Peilzeichen* besteht aus *zwei Strichen von je 10 bis 15 Sekunden* Dauer. Hierzu wird nur die Sprechtaste im Handhörer gedrückt. Andere Funkstellen, insbesondere Fahrzeuge des SAR-Dienstes, haben hierdurch die Möglichkeit, den Havaristen zu peilen und gegebenenfalls eine Funkzielfahrt, im internationalen Sprachgebrauch *homing* genannt, durchzuführen. Der Havarist kann aber auch schon während des Gesprächs gepeilt werden.

Zum Abschluß wird nochmals der Schiffsname und das Rufzeichen abgegeben, um eine zweifelsfreie Zuordnung zwischen Peilzeichen und See-FuSt zu gewährleisten.

Als Beispiel im Seenotverkehr soll folgende Situation dienen:

Die Segelyacht CONTAINER / DB2322 muß nach einem Mastbruch und nachfolgendem Wassereinbruch aufgegeben werden. Die Mannschaft geht um 1445 UTC in die Rettungsinsel. Die letzte Position war 54-10N 006-25E. Die Notmeldung könnte wie folgt lauten:

MAYDAY   MAYDAY   MAYDAY
hier ist
CONTAINER   CONTAINER   CONTAINER/DB2322

MAYDAY
CONTAINER/DB2322
Position 54-10N 006-25E
wir hatten einen Mastbruch, der Rumpf ist stark beschädigt, Wasser dringt ein, das Schiff ist nicht mehr zu halten, wir gehen um 1445 UTC mit 4 Personen in die Rettungsinsel, dringend Hilfe erbeten
PEILZEICHEN (2mal 10–15 s)
CONTAINER/DB232
over

Einleitung des Notverkehrs durch die Crewmitglieder

Auf den Seiten 74 bis 76 sind Beispiele zum Notverkehr im NON-GMDSS abgedruckt. Für den praktischen Gebrauch sollen die Merkblätter bereits mit dem Schiffsnamen und dem Rufzeichen versehen sein und neben der Funkanlage plaziert werden. Alle Crewmitglieder sollten in die elementare Bedienung des Sprechfunkgerätes eingewiesen werden. Nur so ist sichergestellt, daß im Notfall jeder Hilfe herbeirufen kann. Wenn irgend möglich, hält man sich bei der Aussendung an die vorgegebene Reihenfolge.

Bestätigen einer Notmeldung

Hört eine Funkstelle des Seefunkdienstes eine Notmeldung, die eine zweifellos in der Nähe befindliche See- oder Luftfunkstelle betrifft, so muß sie den Empfang sofort bestätigen. Des weiteren muß sofort der Schiffsführer informiert werden. Dieser entscheidet, welche Maßnahmen im konkreten Fall zu treffen sind. Im Verkehrsgebiet einer Küstenfunkstelle sollen SeeFuSt die Bestätigung für kurze Zeit zurückstellen, damit die Küstenfunkstelle den Empfang bestätigen kann. Eine Funkstelle, die ohne Zweifel von dem Havaristen weit entfernt ist, braucht den Empfang nur dann zu bestätigen, wenn keine andere Bestätigung erfolgt ist. Der Empfang einer Notmeldung wird durch das Wort *ERHALTEN* bestätigt.
In unserem Seenotfall der CONTAINER empfängt die ASNAUTIC/*DAAA* den Notruf. Ihre Position liegt ca. 5 sm nordöstlich des Havaristen. Aufgrund ihrer Berechnung kann sie in ca. 40 Minuten bei der CONTAINER sein.

Wir würden zunächst die Notmeldung mit folgendem Wortlaut bestätigen:

MAYDAY
CONTAINER CONTAINER CONTAINER/DB2322
hier ist
ASNAUTIC ASNAUTIC ASNAUTIC/DAAA
erhalten MAYDAY
over

Jeder den Notfall betreffende Funkverkehr wird mit dem Notzeichen *MAYDAY* eingeleitet. Hierdurch sollen andere Funkstellen darüber informiert werden, daß es sich um einen Notfall handelt, und so die Rangfolge des Verkehrs beachten. Das Wort *ERHALTEN* kann im Verkehr mit ausländischen Funkstellen durch die Gruppe *RRR,* gesprochen *ROMEO ROMEO ROMEO*, ersetzt werden.
Neben der Bestätigung über den Empfang der Notmeldung ist es für den Havaristen aber auch beruhigend zu wissen, wann und, wenn möglich, welche Hilfe er zu erwarten hat. Die ASNAUTIC sollte sobald wie möglich Anga-

ben über den Schiffstyp, ihre Position und die ungefähre Ankunftszeit machen:

MAYDAY
CONTAINER CONTAINER CONTAINER/DB2322
hier ist
ASNAUTIC ASNAUTIC ASNAUTIC/DAAA
unsere Position ist 5 sm nordöstlich von Ihnen, wir sind eine Segelyacht und können in ca. 40 Minuten bei Ihnen sein
over

Weiterverbreitung einer Notmeldung

Befindet sich die Seefunkstelle, welche die Notmeldung empfangen hat, so weit vom Havaristen entfernt, daß sie keine unmittelbare Hilfe leisten kann, und hat kein anderes Schiff den Empfang bestätigt, so muß sie die Notmeldung weiterverbreiten. Das gleiche gilt, wenn der Funkverkehr zum in Not befindlichen Schiff unterbrochen ist.
Bei der erneuten Verbreitung ist jedoch zu beachten, daß die zur Hilfe eilende Funkstelle nicht selbst von unmittelbarer Gefahr bedroht ist, daß sie vielmehr die Aussendung nur für den Havaristen vornimmt. Sie darf daher keinesfalls die Meldung mit dreimal MAYDAY einleiten oder anschließend Peilzeichen senden.
Die Weiterverbreitung einer Notmeldung wird durch das dreimal zu sprechende Zeichen **MAYDAY RELAY*** eingeleitet. Im Anschluß an die Nennung der eigenen Funkstelle wird wortgetreu die Notmeldung des Havaristen übermittelt.
Würde demnach beim Notfall der CONTAINER die ASNAUTIC keine Antwort auf ihre Bestätigung der Notmeldung bekommen, so müßte sie diese weiterverbreiten:

---

*ausgesprochen *mädeh reläh*

MAYDAY RELAY MAYDAY RELAY MAYDAY RELAY
hier ist
ASNAUTIC ASNAUTIC ASNAUTIC/DAAA
um 1445 UTC auf Kanal 16 folgendes empfangen:
MAYDAY
CONTAINER/DB2322
Position 54-10N 006-25E
wir hatten einen Mastbruch, der Rumpf ist stark beschädigt, Wasser dringt
ein, das Schiff ist nicht mehr zu halten, wir gehen um 1445 UTC
mit 4 Personen in die Rettungsinsel, dringend Hilfe erbeten
ASNAUTIC/DAAA
over

Eingeschränkter Betrieb während eines Notverkehrs

Wenn eine völlige Funkstille auf einer für den Notverkehr benutzten Frequenz nicht mehr nötig ist, sendet die Funkstelle, die den Notverkehr leitet,
auf dieser Frequenz eine Meldung *an alle Funkstellen,* die besagt, daß ein
eingeschränkter Betrieb wiederaufgenommen werden darf. Dies wäre z. B.
der Fall, wenn im Seenotverkehr eine längere Pause eintritt, weil die her-
beieilende Funkstelle erst später beim Havaristen eintreffen kann.
Eingeschränkter Betrieb bedeutet, daß die betreffende Frequenz vor dem
Aussenden eines Anrufes besonders aufmerksam abgehört werden muß,
damit ein den Notfall betreffender Funkverkehr nicht gestört wird. Im
Sprechfunk wird der eingeschränkte Betrieb durch das Wort **PRUDENCE***
eingeleitet. Die Aufgabezeit der Meldung ist hier die Uhrzeit, ab welcher der
eingeschränkte Betrieb wiederaufgenommen werden darf. Die Funkstelle,
die den Seenotverkehr leitet, in unserem Fall die ASNAUTIC, sendet somit
folgende Meldung:

---

* ausgesprochen *prüdaanß*

MAYDAY
AN ALLE FUNKSTELLEN   AN ALLE FUNKSTELLEN   AN ALLE FUNK-
STELLEN
hier ist
ASNAUTIC/DAAA
um 1530 UTC
CONTAINER/DB2322
PRUDENCE

Störung des Notverkehrs

Obwohl während des laufenden Notverkehrs anderweitige Aussendungen
nur in besonderen, später noch aufgezeigten Fällen erlaubt sind, kommt es
immer wieder vor, daß der Notverkehr gestört wird. Der „Störenfried" kann
entweder von der Funkstelle, die den Notverkehr leitet, die sofortige Funkstille auferlegt bekommen oder aber, wenn unbedingt nötig, von jeder anderen unbeteiligten Funkstelle, die abwägen muß, daß sie ihrerseits den
Notverkehr nicht stört: im ersten Fall durch den Ausdruck **SILENCE MAY-
DAY***, im Falle einer unbeteiligten Funkstelle mit **SILENCE DETRESSE****.
Die unbeteiligte Funkstelle muß ihr Rufzeichen hinzufügen.
Das Wort *MAYDAY* wird infolgedessen nur von Funkstellen benutzt, die
selbst in Not sind oder die den Notverkehr leiten. Der Anruf kann *an alle
Funkstellen* oder an eine bestimmte Funkstelle gerichtet sein.
Im laufenden Notverkehr versucht die Rosa/DB6352, über Kanal 16 eine ihr
bekannte Motoryacht anzurufen. Die Asnautic, die den Notverkehr leitet,
würde die Rosa sofort auf die Einhaltung der Funkstille hinweisen:

ROSA/DB6352
SILENCE MAYDAY

---

* ausgesprochen *ßilaanß mädeh*
** ausgesprochen *ßilaanß dehtreß*

Beenden des Notverkehrs

Während mit *PRUDENCE* der eingeschränkte Funkbetrieb wieder ermöglicht wird, wird durch den Ausdruck **SILENCE FINI*** der Seenotverkehr endgültig aufgehoben. Beide Meldungen sind ansonsten ähnlich. Nachdem um 1605 UTC die 4 Crewmitglieder der CONTAINER aufgefunden und sicher an Bord der ASNAUTIC gelangt sind, beendet diese den Notverkehr:

MAYDAY
AN ALLE FUNKSTELLEN   AN ALLE FUNKSTELLEN   AN ALLE FUNK-
STELLEN
hier ist
ASNAUTIC/DAAA
um 1605 UTC
CONTAINER/DB2322
SILENCE FINI

Ankündigung von Dringlichkeits- oder Sicherheitsmeldungen

Vorausgesetzt, daß der Notverkehr nicht gestört wird, dürfen in außergewöhnlichen Fällen während einer Pause im Notverkehr Dringlichkeits- oder Sicherheitsmeldungen angekündigt werden. Dabei darf das Dringlichkeits- oder das Sicherheitszeichen nur *einmal* in abgekürzter Form und mit abgekürztem Anruf gesendet werden. Die Meldung wird dann auf einer Arbeitsfrequenz übermittelt.

---

* ausgesprochen *ßilaanß finih*

Dringlichkeitsverkehr

Entsprechend der Rangfolge des Verkehrs hat der Notverkehr absolute Priorität. Der Dringlichkeitsverkehr hat somit Vorrang vor allen anderen Sendungen, mit Ausnahme der Notaussendungen.
Die Dringlichkeitsmeldung kann sich auf die Sicherheit des Schiffes oder einer an Bord befindlichen Person beziehen. Wenn z. B. bei schwerer Erkrankung der Funkarzt gerufen wird, handelt es sich um eine Dringlichkeitsmeldung.
Bei Not-, Dringlichkeits- oder Sicherheitsanrufen wird vor der Meldung immer das dazugehörige Zeichen ausgesendet.

Dringlichkeitszeichen und -meldung

Im Sprechfunk besteht das *Dringlichkeitszeichen* aus der dreimal zu sprechende Gruppe der Wörter

PAN PAN *.

Das Dringlichkeitszeichen kündigt an, daß die rufende Funkstelle eine sehr dringende Meldung zu senden hat, welche die Sicherheit eines See- oder Luftfahrzeuges oder einer Person betrifft. Das Dringlichkeitszeichen darf nur mit Genehmigung des Kapitäns oder der Person ausgesendet werden, die für das Fahrzeug verantwortlich ist. Dringlichkeitsmeldungen dürfen im Gegensatz zu Notmeldungen an bestimmte Funkstellen gerichtet werden. Das Dringlichkeitszeichen, der Anruf und die nachfolgende Dringlichkeitsmeldung werden im allgemeinen auf Kanal 16 ausgesendet. *Die Dringlichkeitsmeldung* muß jedoch auf einem Arbeitskanal übermittelt werden, wenn es sich um eine lange Meldung, eine funkärztliche Beratung oder um die Wiederholung einer Meldung handelt. Hierzu wird am Ende des Anrufes über Kanal 16 der Arbeitskanal angegeben. Sofern andere Seefunkstellen am Dringlichkeitsverkehr beteiligt sind, kommt als Arbeitskanal nur ein Schiff-Schiff-Kanal in Betracht.

---

* ausgesprochen *pann pann*

Abgabe einer Dringlichkeitsmeldung

Die Dringlichkeitsmeldung besteht aus:
- *dem dreimal zu sprechenden Dringlichkeitszeichen PAN PAN*
- *dem dreimaligen Anruf an eine bestimmte oder an alle Funkstellen*
- *den Wörtern HIER IST*
- *dem höchstens dreimal zu sprechenden Rufzeichen*
- *der Position*
- *dem Grund der Meldung*
- *der Art der erbetenen Hilfeleistung*
- *den Wörtern BITTE KOMMEN bzw. OVER*

Im folgenden Fall befindet sich die Segelyacht YAMARELLA/DGNT in der Deutschen Bucht. Bei starken Winden bricht plötzlich das Ruder. Das Schiff ist manövrierunfähig. Der Skipper veranlaßt die sofortige Aussendung einer Dringlichkeitsmeldung auf Kanal 16.

PAN PAN   PAN PAN   PAN PAN
AN ALLE FUNKSTELLEN   AN ALLE FUNKSTELLEN   AN ALLE FUNK-STELLEN*
hier ist
YAMARELLA   YAMARELLA   YAMARELLA/DGNT
Position 54-06N 008-11E
Ruderbruch - Schiff ist manövrierunfähig
erbitten dringend Schlepperhilfe
over

Funkarzt-Gespräche

Die Küstenfunkstellen vermitteln auf Anfrage ärztliche Ratschläge durch einen Funkarzt – im allgemeinen gebührenfrei. Einzelheiten entnimmt man dem *Jachtfunkdienst Nord- und Ostsee* bzw. *Mittelmeer* oder dem *Handbuch Nautischer Funkdienst*. Seefunkstellen, die keinen direkten Kontakt

---

* Bei Sprachschwierigkeiten kann der Anruf an alle Funkstellen durch die internationale Abkürzung „**CQ**" ersetzt werden.

mit einer KüFuSt der Bundesrepublik Deutschland aufnehmen können, erhalten ärztliche Ratschläge über folgende Rufnummer:

0 47 21/78-0 Stadtkrankenhaus Cuxhaven

Diese Vermittlung ist jedoch gebührenpflichtig. Die Seefunkstelle kann aber auch ein anderes Schiff anrufen und um ärztliche Ratschläge bitten. In dringenden Fällen darf das *Dringlichkeitszeichen* benutzt werden. Und schließlich kann eine Küstenfunkstelle auch ein Seefunkgespräch mit dem Hausarzt vermitteln.

Um dem Funkarzt die Diagnose zu erleichtern und um Mißverständnisse bzw. zeitraubende Rückfragen zu vermeiden, ist ein funkärztlicher Beratungsbogen geschaffen worden. Es wird dringend empfohlen, dem Funkarzt die nach diesem Beratungsbogen erforderlichen Angaben zu übermitteln. Der Beratungsbogen kann bei der *Druckerei Moehlke* in Hamburg bezogen werden.

Wie bereits im Abschnitt „Dringlichkeitsverkehr" gesagt, darf nur die *Anforderung* einer funkärztlichen Beratung auf Kanal 16 erfolgen, der weitere Verkehr muß auf einem Arbeitskanal erfolgen. Außer als Seefunkgespräch kann die ärztliche Beratung auch als Seefunktelegramm übermittelt werden.

Die Segelyacht PIDDER LÜNG/DA2285 befindet sich auf der Nordsee, ca. 10 sm westlich der ostfriesischen Insel Borkum. Während des Segelwechselns bei Starkwind ist ein Crewmitglied vom Schothorn am Kopf getroffen und schwer verletzt worden. Niemand an Bord kann umfassende Hilfe leisten. Die Crew benötigt eine funkärztliche Beratung. Der Skipper sendet umgehend einen Dringlichkeitsanruf an Cuxhaven Radio auf Kanal 16:

PAN PAN   PAN PAN   PAN PAN
CUXHAVEN RADIO   CUXHAVEN RADIO   CUXHAVEN RADIO
hier ist
PIDDER LÜNG   PIDDER LÜNG   PIDDER LÜNG/DA2285
ich benötige funkärztliche Beratung
over

Nachdem die Gesprächsverbindung auf Kanal 16 hergestellt ist, bekommt die PIDDER LÜNG einen Arbeitskanal zugeteilt. Anschließend erfolgt die funkärztliche Beratung.

Beenden des Dringlichkeitsverkehrs

Wenn eine Funkstelle durch einen Anruf „an alle Funkstellen" veranlaßt hat, bestimmte Maßnahmen zu ergreifen, so muß die Dringlichkeitsmeldung unverzüglich widerrufen werden, sobald diese Maßnahmen nicht mehr erforderlich sind. Diese Meldung ist ebenfalls „an alle Funkstellen" zu richten.

Sicherheitsverkehr

Während Not- bzw. Dringlichkeitsverkehr voraussetzt, daß für See- oder Luftfahrzeuge sowie deren Besatzung unmittelbar Gefahr besteht, dienen *Sicherheitsmeldungen* zur *Warnung* vor bestimmten Gefahren. Hierbei kann es sich um nautische Warnungen oder Wetterwarnungen handeln. Häufig wird vor verloschenen Leuchtfeuern oder gefährlichem Treibgut gewarnt. (Suchmeldungen fallen nicht unter den Begriff Sicherheitsverkehr.)

Das Sicherheitszeichen und die nachfolgende Sendung haben Vorrang vor allen Sendungen, mit Ausnahme von Not- und Dringlichkeitssendungen. Funkstellen, die das Sicherheitszeichen hören, müssen die Sicherheitsmeldung so lange abhören, bis sie die Gewißheit haben, daß die Meldung sie nicht betrifft. Ferner haben sie alle Aussendungen zu unterlassen, die die Meldung stören könnten.

Sicherheitszeichen und -meldung

Im Sprechfunk besteht das Sicherheitszeichen aus dem dreimal zu sprechenden französischen Wort

*SECURITE**

Das Sicherheitszeichen wird ebenso wie beim Not- oder Dringlichkeitsverkehr vor dem Anruf ausgesendet. Im Gegensatz dazu ist beim Sicherheitsverkehr nicht die Zustimmung des Schiffsführers erforderlich. Sicherheitsmeldungen werden im allgemeinen „an alle Funkstellen" gerichtet. Sie dürfen jedoch auch *an eine bestimmte Funkstelle gerichtet* sein.

Das Sicherheitszeichen und die *Ankündigung* der Sicherheitsmeldung werden in der Regel auf der internationalen Notfrequenz 156,8 MHz bzw. Kanal 16 ausgesendet. Für die nachfolgende *Aussendung* der Sicherheitsmeldung muß bei der *Ankündigung* der weitere Arbeitskanal genannt werden.
Seefunkstellen benutzen bei Sicherheitsmeldungen, die „an alle Funkstellen" gerichtet sind, eine Arbeitsfrequenz für den Schiff-Schiff-Verkehr.

Sicherheitsmeldungen, die nur auf einem Schiff-Schiff-Kanal verbreitet werden, sind auch an die nächste erreichbare Küstenfunkstelle zu übermitteln.

Schiff-Schiff-Kanäle werden von Küstenfunkstellen nicht abgehört, Sicherheitsmeldungen aber von ihnen weiterverbreitet, z. B. im NAVTEX-Verfahren (s. S. 118). Sie informieren auch die für die Beseitigung der Gefahr zuständige Behörde.

---

* ausgesprochen *ßehküriteh*

Ankündigung einer Sicherheitsmeldung auf UKW-Kanal 16

Die Ankündigung besteht aus:
- *dem dreimal zu sprechenden Sicherheitszeichen SECURITE*
- *dem dreimaligen Anruf an eine bestimmte oder an alle Funkstellen*
- *den Wörtern HIER IST*
- *dem dreimal zu sprechenden Schiffsnamen und dem Rufzeichen (1 x)*
- *der Angabe der Arbeitsfrequenz*
- *over*

Aussendung einer Sicherheitsmeldung auf einem Arbeitskanal

Die Aussendung besteht aus:
- dem dreimal zu sprechenden Sicherheitszeichen SECURITE
- dem dreimaligen Anruf an eine bestimmte oder an alle Funkstellen
- den Wörtern HIER IST
- dem dreimal zu sprechenden Schiffsnamen und dem Rufzeichen (1 x)
- dem Text der Meldung
- over

Eine typische Situation, welche die Aussendung einer Sicherheitsmeldung nach sich zieht, ist auf dem Fährschiff KARL CARSTENS/DBFZ zu beobachten. Unterwegs auf der westlichen Ostsee sieht der Wachführer einen größeren Container im Wasser treiben. Die Aufschrift auf dem roten Container ist jedoch nicht zu erkennen. Das Schiff befindet sich um 0930 UTC auf dem Fehmarnbelt in der Nähe der Tonne KO-7.
Der 1. Schiffsoffizier veranlaßt auf Kanal 16 folgende Ankündigung:

SECURITE   SECURITE   SECURITE
AN ALLE FUNKSTELLEN   AN ALLE FUNKSTELLEN   AN ALLE FUNK-
STELLEN
hier ist
KARL CARSTENS   KARL CARSTENS   KARL CARSTENS/DBFZ
ich gehe zum Senden auf Kanal 6
over

Auf dem internationalen Schiff-Schiff-Kanal 6 erfolgt nun die Aussendung:

SECURITE   SECURITE   SECURITE
AN ALLE FUNKSTELLEN   AN ALLE FUNKSTELLEN   AN ALLE FUNK-
STELLEN
hier ist
KARL CARSTENS   KARL CARSTENS   KARL CARSTENS/DBFZ
Position Fehmarnbelt, Nähe Tonne KO-7
um 0930 UTC treibenden Container gesichtet, Farbe Rot
die Schiffahrt wird gewarnt
ich bin empfangsbereit auf Kanal 16
over

Im Anschluß an die Warnung der Schiffahrt wird die KüFuSt Kiel Radio über die Beobachtung verständigt. Hier der Anruf:

SECURITE   SECURITE   SECURITE
KIEL RADIO   KIEL RADIO   KIEL RADIO
hier ist
KARL CARSTENS   KARL CARSTENS   KARL CARSTENS/DBFZ
Position Fehmarnbelt, Nähe Tonne KO-7
um 0930 UTC treibenden Container gesichtet, Farbe Rot
die Schiffahrt ist gewarnt
over

SAR-Dienste

SAR steht für *Search and Rescue,* Suche und Rettung. Die Such- und Rettungsdienste unterhalten Rettungseinheiten zu Wasser und in der Luft, die durch das *Rescue Coordination Centre* (RCC), die *Rettungsleitstellen* also, koordiniert werden. Für die Verständigung untereinander dient bei koordinierten Einsätzen UKW-Kanal 06.

Bremen Rescue

Die Überwachung der UKW-Notfrequenzen (Kanal 16: Sprechfunk und Kanal 70: digitaler Selektivruf) wird in Deutschland von der Seenotleitung (MRCC) der Deutschen Gesellschaft zur Rettung Schiffbrüchiger (DGzRS) in Bremen wahrgenommen. Der Ruf ist an *Bremen Rescue* zu richten. Bremen Rescue wickelt den gesamten Not-, Dringlichkeits- und Sicherheitsverkehr ab. Die Überwachung bezieht sich nur auf den Bereich deutscher UKW-Küstenfunkstellen (Seegebiet A1; vgl. S. 103). *Bremen Rescue* ist auch selektiv über die

MMSI 002111240

zu erreichen.
In dringenden Fällen vermittelt die Seenotleitung auch ärztliche Ratschläge über Kanal 16.

SAR-Alarmruf für Mobilfunkbenutzer

Im Notfall kann die Seenotleitung (MRCC) Bremen in allen deutschen Mobilfunknetzen unter der einheitlichen Kurzwahl

124 124

ohne Vorwahl gerufen werden. Der Alarmruf sollte unbedingt folgenden Inhalt haben:

- Schiffsname
- Position
- Art der Havarie/Notfallbeschreibung
- Zahl der Personen an Bord
- Ihre Mobilfunk-Nummer
- Situations- bzw. Umfeldbeschreibung (Schiffe, Schiffahrtszeichen, Landmarken etc.)

Der letztgenannte Punkt ist besonders dann wichtig, wenn die Position ungenau oder gar unbekannt ist.

Bei der Alarmierung sollte bedacht werden, daß Mobilfunktelefone nur eine geringe Reichweite haben und von den SAR-Rettungseinheiten nicht gepeilt werden können. Im Rahmen einer soliden und verantwortungsbewußten Seemannschaft sind Mobilfunktelefone deshalb nur als Ergänzung zur vorhandenen UKW-Seefunkanlage zu sehen.

Die Notrufnummer 124 124 sollte nicht zu Testzwecken angewählt werden.

Sie wählen ja auch nicht daheim die 112, nur um zu hören, ob sich tatsächlich die Rettungsleitstelle meldet.

Gebühren und Abrechnungsverfahren

Bei den Gebühren für eine Funkstelle wird nach einmaligen bzw. festen Kosten unterschieden sowie nach Kosten, die durch Gespräche und Dienstleistungen verursacht werden. So wird für die *Frequenzzuteilung* einschließlich Ausstellung der Urkunde durch die *Regulierungsbehörde für Telekommunikation und Post (Reg TP)* eine einmalige Gebühr erhoben. Damit verbunden ist die Zahlung eines Jahresbeitrages.

Sofern die Teilnahme am öffentlichen Seefunkverkehr (Richtung Schiff–Land) gewünscht wird, muß die Funkverkehrsabrechnung bei einer Abrechnungsgesellschaft beantragt werden, beispielsweise:

– Deutsche Telekom AG (Abrechnungskennung DP01) oder
– DP07-Seefunk (DP07)

DP07-Seefunk, als Betreiber der deutschen Küstenfunkstellen, bietet für die Sportschiffahrt eine Funkverkehrsabrechnung pro Saison (März bis Oktober) an. Seefunkgespräche werden bei DP07-Seefunk je angefangene Minute berechnet, während bei anderen Abrechnungsgesellschaften zum Teil noch ein Mindestentgelt für 3 Minuten üblich ist.

Bei Funkgesprächen über ausländische Küstenfunkstellen werden die Entgelte in den internationalen Verrechnungseinheiten *Goldfranken* bzw. *Special Drawing Rights (SDR)* = Sonderziehungsrechte verrechnet. Die aktuellen Umrechnungskurse sowie Angaben zu den Beiträgen und Gebühren der Reg TP sind den *Mitteilungen für Seefunkstellen und Schiffsfunkstellen* (siehe Seite 45) zu entnehmen. Für besondere Dienstleistungen der KüFuSt, beispielsweise die Wiederholung eines Wetterberichtes, wird ebenfalls ein Entgelt erhoben.

Beispiele zum Notverkehr im NON-GMDSS

Auf den folgenden Seiten sind Beispiele zum Notverkehr im NON-GMDSS abgedruckt:

– Notanruf
– Notmeldung
– Bestätigung des Empfangs einer Notmeldung
– Aussenden eines Anrufs und einer Notmeldung durch eine Funkstelle, die sich selbst nicht in Not befindet

---

NOTVERKEHR

Notanruf

MAYDAY   MAYDAY   MAYDAY

This is (Hier ist) oder DE (bei Sprachschwierigkeiten)

Schiffsname (dreimal gesprochen) **und Rufzeichen** (einmal gesprochen)

Notmeldung

MAYDAY (einmal gesprochen)

_____

Schiffsname und Rufzeichen (einmal gesprochen)

Position   ⇒ _____

Art des Notfalls   ⇒ _____

Art der
erbetenen Hilfe   ⇒ _____

ggf. Angaben, die
die Hilfeleistung
erleichtern können ⇒ _____

OVER

Bestätigung des Empfangs einer Notmeldung

MAYDAY (einmal gesprochen)

⇒_____
    Schiffsname (dreimal gesprochen) und Rufzeichen (einmal gesprochen) des Schiffes in Not

This is (Hier ist) oder DE (bei Sprachschwierigkeiten)

⇒_____
    Schiffsname (dreimal gesprochen) und Rufzeichen (einmal gesprochen) der eigenen Seefunkstelle

Received (Erhalten) MAYDAY

oder bei Sprachschwierigkeiten ROMEO ROMEO ROMEO MAYDAY

Aussenden eines Anrufs und einer Notmeldung durch eine Funkstelle, die sich selbst nicht in Not befindet

MAYDAY RELAY   MAYDAY RELAY   MAYDAY RELAY

This is (Hier ist) oder DE (bei Sprachschwierigkeiten)

⇒_____

       Schiffsname (dreimal gesprochen) <u>und</u> Rufzeichen (einmal gesprochen) des eigenen Schiffes

At (um) _____ UTC on (auf) _____ (Kanalangabe / Frequenzangabe) following received (folgendes empfangen)

MAYDAY

⇒_____

       Schiffsname <u>und</u> Rufzeichen des Schiffes in Not (einmal gesprochen)

(Unveränderter Text der empfangenen Notmeldung bzw. Beschreibung der Beobachtung)

⇒ _____

oder

MAYDAY

My position (Meine Position ist) _____

Following observed (Folgendes beobachtet)

⇒ _____

This ist (Hier ist) oder DE (bei Sprachschwierigkeiten)

⇒_____

       Schiffsname / Rufzeichen der eigenen Seefunkstelle (einmal gesprochen)

OVER

8 Binnenschiffahrtsfunk

Seefunkzeugnisse, die nach den Bestimmungen der *Radio Regulations* (VO Funk) ausgestellt werden, gelten auch für den Binnenschiffahrtsfunk, und zwar mindestens das UKW-Sprechfunkzeugnis.
In den vorangegangenen Kapiteln wurden bereits wesentliche Grundlagen des Funkdienstes, insbesondere zur Verkehrsabwicklung, erarbeitet, so daß jetzt nur noch auf die relevanten Unterschiede zwischen Binnenschiffahrtsfunk und Seefunk einzugehen ist.

Vorschriften im Binnenschiffahrtsfunk

Die Vorschriften für den Funkverkehr in der Binnenschiffahrt sind in der *Regionalen Vereinbarung über den Binnenschiffahrtsfunk* niedergelegt. Unterzeichnerstaaten sind Belgien, Deutschland, Frankreich, Luxemburg, die Niederlande und die Schweiz. National sind die Vorschriften im *Handbuch Binnenschiffahrtsfunk* zusammengefaßt.
Der Schiffahrtspolizeiverordnung (SchVO) entsprechend muß das *Handbuch Binnenschiffahrtsfunk* auch auf nicht funkausrüstungspflichtigen Fahrzeugen mitgeführt werden.
Das Handbuch ist über folgende Anschrift zu beziehen:
Binnenschiffahrts-Verlag GmbH, Dammstr. 15–17, 47119 Duisburg, Tel. 0203/800 06-20.

Begriffserklärungen

Während man im Bereich des Seefunkdienstes von *Seefunkstellen* spricht, handelt es sich im Binnenschiffahrtsfunk um *Schiffsfunkstellen*. Diese wiederum sind mobile Funkstellen des Binnenschiffahrtsfunkdienstes, die sich an Bord eines Schiffes befinden, das nicht ständig festgemacht ist. Die vergleichbare Definition im Seefunkdienst bezieht sich auf Seefahrzeuge, die nicht dauernd verankert sind.

Es gibt auch keine Küstenfunkstellen, sondern nur *ortsfeste Funkstellen*. Der Binnenschiffahrtsfunkdienst umfaßt somit den mobilen UKW-Sprechfunkdienst zwischen ortsfesten Funkstellen und Schiffsfunkstellen oder zwischen Schiffsfunkstellen auf Binnenschiffahrtsstraßen untereinander. Ein wesentlicher Unterschied zum Seefunkdienst besteht darin, daß der Binnenschiffahrtsfunkdienst in sogenannte *Verkehrskreise* eingeteilt ist. Verkehrskreise sind für bestimmte Zwecke eingerichtete Funkverbindungen. Der gesamte Funkverkehr umfaßt *vier* Verkehrskreise:

- **Verkehrskreis Nautische Information**
- **Verkehrskreis Schiff – Schiff**
- **Verkehrskreis Schiff – Hafenbehörde**
- **Verkehrskreis Funkverkehr an Bord**

In den Niederlanden und Belgien gibt es noch den Begriff *Blockkanal*. Der Blockkanal wird von Verkehrsposten und Schiffsfunkstellen für die Übermittlung von Nachrichten über den Schutz von Personen und die Sicherheit der Schiffahrt benutzt. Der Blockkanal gilt innerhalb eines bestimmten Gebietes als Funkverbindung gleichzeitig für die Verkehrskreise Schiff–Schiff und Nautische Information.

Abwicklung der Funkgespräche

Der Dienst bei einer Schiffsfunkstelle untersteht ebenso wie bei einer Seefunkstelle dem Schiffsführer. Der Betrieb einer Schiffsfunkstelle darf nur von einer Person wahrgenommen werden, die mindestens Inhaber eines UKW-Sprechfunkzeugnisses ist. Das Fernmeldegeheimnis sowie die grundsätzlichen Funkerregeln bezüglich der Funkdisziplin müssen ebenfalls beachtet werden. Im Verkehr zwischen Schiffsfunkstellen und ortsfesten Funkstellen wird im allgemeinen die Sprache des Landes benutzt, in dem die ortsfeste Funkstelle liegt. Bei schwieriger Verständigung wird empfohlen, das internationale Buchstabieralphabet zu benutzen.
Für die Abwicklung von Funkgesprächen im Binnenschiffahrtsfunk gelten die internationalen Vereinbarungen der *Radio Regulations* (VO Funk). So unterteilt sich die Rangfolge des Verkehrs in gewohnter Weise:

1. Notverkehr (MAYDAY)
2. Dringlichkeitsaussendung (PAN PAN)
3. Sicherheitsaussendung (SECURITE)
4. Übriger Funkverkehr

Auch die Form des Anrufes und seiner Beantwortung sind vom Seefunk her bekannt:

– *höchstens dreimal der Name der gerufenen Funkstelle*
– *die Wörter HIER IST*
– *höchstens dreimal der Name der rufenden Funkstelle*

Ob der Name bis zu dreimal genannt wird, hängt von den Verständigungs-bedingungen ab. Im Gegensatz zum Seefunkverkehr werden bei Anrufen im Binnenschiffahrtsfunk zusätzlich folgende Angaben gemacht:

– *Art des Schiffes* (Tankmotorschiff, Fahrgastschiff, Segelyacht)
– *Fahrtrichtung* (zu Berg, zu Tal, Richtung „Ortsname")
– *Standort des Schiffes* (Kanal-, Stromkilometer, Ortsname)

Weiterhin wichtig ist natürlich die Angabe über den

– *Gesprächsgegenstand* (Passieren einer Schleuse, Begegnungskurs ab-
sprechen etc.).

Betrieb von Schiffsfunkstellen

Der Binnenschiffahrtsfunk unterscheidet sich vom Seefunk nicht nur durch die Einteilung in die vier genannten Verkehrskreise, sondern auch in den technischen Anforderungen an die Geräte. Genehmigung und Vergabe der Rufzeichen hingegen erfolgen wie im Seefunkdienst. Mobilfunkanlagen gehören mittlerweile zum Standard an Bord eines Schiffes in der Binnen-fahrt.

UKW-Kanäle im Binnenschiffahrtsfunk

Die Kanäle, die in den Verkehrskreisen des Binnenschiffahrtsfunks zur Verfügung stehen, sind aus folgender Tabelle ersichtlich:

Verkehrskreis	Kanäle (S, D)
Schiff – Schiff[1]	10, 13, 06[2],[3], 08[3], 72[3]
Alle Kanäle Simplex	77[4]
Nautische Information[1]	01 (D), 02 (D), 03 (D), 04 (D), 05 (D), 07 (D), 09 (S), 18 (D), 19 (D), 20 (D), 21 (D), 22 (D), 23 (D), 24 (D), 25 (D), 26 (D), 27 (D), 28 (D), 60 (D), 61 (D), 62 (D), 63 (D), 64 (D), 65 (D), 66 (D), 67 (S), 68 (S), 69 (S), 73 (S)[5] 78 (D), 79 (D), 80 (D), 81 (D), 82 (D)[6], 83 (D), 84 (D), 85 (D), 86 (D), 87 (D), 88 (D)
Schiff – Hafenbehörde	11, 12, 14, 71, 74
Alle Kanäle Simplex	
Funkverkehr an Bord	15, 17
S = Simplex-Kanal	
D = Duplex-Kanal	

Bemerkungen

[1] Kanäle der Verkehrskreise Schiff – Schiff und Nautische Information können durch Verkehrssicherungssysteme (IVS, MIB, CARING) auch von Land aus benutzt werden.

[2] Kanal 06 darf nicht zwischen Rhein-km 150,00 und Rhein-km 350,00 benutzt werden.

[3] In oder in der Nähe von Seehäfen sind Funkverbindungen auf den Kanälen 06, 08 und 72 zwischen Binnenschiffen nicht zugelassen.

[4] Kanal 77 kann für Funkverbindungen sozialer Art verwendet werden.

[5] In den Niederlanden wird der Kanal 73 von der zuständigen Verwaltung für Funkverbindungen während Ölbekämpfungsmaßnahmen in der Nordsee verwendet.

[6] In den Niederlanden und Belgien kann der Kanal 82 für Funkverbindungen über die Versorgung und Verproviantierung benutzt werden. Die Ausgangsleistung muß manuell auf einen Wert zwischen 0,5 Watt und 1 Watt reduziert werden.

ATIS

Die Abkürzung ATIS steht für *Automatic Transmitter Identification System* und ist ein System für die automatische Identifizierung von Schiffsfunkstellen. Das ATIS-Signal wird auf dem jeweils benutzten Sprechweg am Ende jeder Aussendung durch Loslassen der Sendetaste digital gesendet. Es ermöglicht das zweifelsfreie Identifizieren einer Funkstelle, was z. B. bei Notfällen, Defekten an den Funkanlagen oder auch bei Verstößen gegen die Funkvorschriften das Aufklären von Sachverhalten erleichtert.

Die Ausrüstungspflicht bezieht sich auf alle beweglichen Funkstellen des Binnenschiffahrtsfunks einschließlich der tragbaren Funkgeräte. Ältere Geräte ohne ATIS-Coder dürfen nicht mehr betrieben werden.

Seefunkgeräte dürfen im Bereich des Binnenschiffahrtsfunks ebenfalls nicht betrieben werden, es sei denn, es handelt sich um Kombigeräte, die manuell vom Seefunk- auf den ATIS-Modus umzuschalten sind.

Das ATIS-Signal wird aus dem Rufzeichen des Schiffes gebildet. Beispiel:

Rufzeichen: **DC 1 2 3 4**

ATIS-Code: **9 211 03 1234**

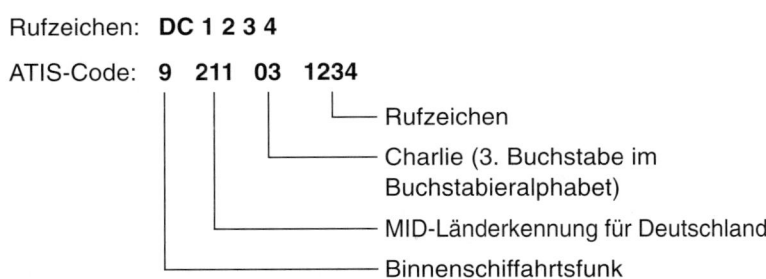

— Rufzeichen

— Charlie (3. Buchstabe im Buchstabieralphabet)

— MID-Länderkennung für Deutschland

— Binnenschiffahrtsfunk

81

Technische Anforderungen

Aufgrund der unterschiedlichen Entwicklung von Seefunk und Binnenschiff-fahrtsfunk sind zwei voneinander unabhängige Sicherheits- und Identifizie-rungssysteme entstanden: für den Bereich Seefunk das Weltweite Seenot-und Sicherheitsfunksystem *GMDSS* und im Bereich des Binnenschiffahrts-funks *ATIS*.

Im Binnenschiffahrtsfunk dürfen Aussendungen in den Verkehrskreisen *Schiff – Schiff, Schiff – Hafenbehörde* und *Funkverkehr an Bord* nur mit der reduzierten Sendeleistung von maximal 1 Watt erfolgen. Somit ist lediglich im Verkehrskreis *Nautische Information* die Umschaltung der Sendelei-stung von 1 Watt auf maximal 25 Watt erlaubt. In den Niederlanden und Bel-gien dagegen darf auch im Nautischen Informationsfunk nur mit der redu-zierten Leistung von 1 Watt gesendet werden.

Schiffsfunkstellen sind berechtigt, im Rahmen ihrer technischen Möglich-keiten am Seefunkdienst teilzunehmen. Für die Teilnahme am GMDSS ist jedoch eine Seefunkanlage mit DSC-Controller erforderlich.

Im Unterschied zu Seefunkanlagen ist bei Funkstellen in der Binnenschiff-fahrt keine Zweikanalüberwachung zulässig. Sofern eine Schiffsfunkstelle gemäß ihrer Ausrüstungspflicht mehrere Verkehrskreise abhören muß, kann dies nur mit mehreren Geräten für die entsprechenden Verkehrskreise erfolgen.

Ausrüstungspflicht, Funkbenutzungspflicht

Wie im Bereich des Seefunks ist auch im Binnenschiffahrtsfunk die Ausrü-stung von Wassersportfahrzeugen mit einer UKW-Sprechfunkanlage frei-gestellt. Nicht jedoch auf bestimmten Binnenschiffahrtsstraßen wie zum Beispiel dem Rhein, dem Waal oder auf dem IJsselmeer: Auch hier muß bei Kleinfahrzeugen, die eine Radarfahrt machen oder die bei unsichtigem Wetter fahren, eine UKW-Sprechfunkanlage an Bord sein.

Schiffsfunkstellen, die freiwillig mit UKW-Sprechfunk ausgerüstet sind, müssen im Verkehrskreis Schiff – Schiff empfangsbereit sein. Dieser Verpflichtung ist nachzukommen, sobald das Schiff in Fahrt ist. Der Verkehrskreis Schiff – Schiff kann zum Empfang von Nachrichten auf anderen Verkehrskreisen kurzfristig verlassen werden. So, wie man nach jedem Anruf im Seefunk die Sprechfunkanlage stets auf Kanal 16 zurückschaltet, wird im Binnenschiffahrtsfunk der Schiff-Schiff-Kanal 10 eingestellt.

Mobilfunkanlagen

Mobilfunktelefone sind auch an Bord nicht mehr wegzudenken. Gesprächsverbindungen lassen sich nicht nur schneller und kostengünstiger herstellen, diese Systeme sind auch komfortabler und vor allem (noch) abhörsicher. Selbst digitales Faxen ist teilweise möglich. Das gesamte Wasserstraßennetz in Deutschland ist durch Mobilfunknetze abgedeckt. Mittlerweile werden in den meisten Bereichen der Binnenschiffahrtsstraßen sämtliche Verbindungen ins öffentliche Telefonnetz über diese Funksysteme abgewickelt. Sowohl in Deutschland wie auch in Frankreich und in den Niederlanden ist eine Vermittlung über ortsfeste Funkstellen ins öffentliche Fernmeldenetz somit nicht möglich.

Einbau und Genehmigung von Schiffsfunkstellen

Jede Funkstelle darf erst in Betrieb genommen werden, wenn die Urkunde über die Frequenzzuteilung der zuständigen Verwaltung des Landes vorliegt, in dem das Schiff registriert und beheimatet ist. Schiffsfunkstellen in der Bundesrepublik Deutschland dürfen nur nach Frequenzzuteilung durch die Regulierungsbehörde für Telekommunikation und Post (Reg TP) betrieben werden. Anträge auf Frequenzzuteilung sind an die *Reg TP, Außenstelle Mülheim* zu richten. Wie im Seefunkdienst auch, ist die Frequenzzuteilungsurkunde an Bord mitzuführen.

Rufzeichen von Schiffsfunkstellen

Grundsätzlich ist das Senden ohne Rufzeichen bzw. Schiffsnamen oder mit fingierten Angaben verboten. Jedem Fahrzeug, das am Binnenschiffahrtsfunkdienst teilnimmt, wird ein Rufzeichen zugewiesen, bestehend aus *zwei Buchstaben und vier Ziffern*. Dies gilt nicht für die tragbaren Geräte im Verkehrskreis Funkverkehr an Bord. Auch im Bereich des Seefunks werden derartige Geräte nur in Verbindung mit einer festeingebauten Sprechfunkanlage genehmigt. Zusätzlich bekommt jeder Inhaber einer Schiffsfunkstelle von der Zulassungsstelle seinen ATIS-Code mitgeteilt. Die beiden Buchstaben des Rufzeichens kennzeichnen die Nationalität des Schiffes:

DA bis **DR**   Bundesrepublik Deutschland
FA bis **FZ**   Frankreich
HE   Schweiz
LX   Luxemburg
ON bis **OT**   Belgien
PA bis **PI**   Niederlande

In den Verkehrskreisen Schiff – Schiff, Nautische Information und Schiff – Hafenbehörde dient der Schiffsname als Rufzeichen. Dem Schiffsnamen kann zur Vermeidung von Irrtümern der Schiffstyp hinzugefügt werden. Wenn notwendig, kann der Name durch das Rufzeichen ergänzt werden. Eine Übermittlung der Kennung wie im Seefunk ist im Binnenschiffahrtsfunk nicht üblich.

UKW-Funk in den Niederlanden

Der Funkverkehr im UKW-Bereich wird nach den Regelungen des niederländischen *Marifoon-Dienstes* abgewickelt (Marifoon nennt man die postalisch zugelassenen UKW-Geräte). Entsprechend sind die Bestimmungen der *Regionalen Vereinbarung über den Binnenschiffahrtsfunk* anzuwenden.

Alle Sprechfunkanlagen müssen mit **ATIS** ausgerüstet sein. Ferner steht für Funkgespräche sozialer Art (z. B. Absprachen über den nächsten Hafen) nur **Kanal 77** zur Verfügung; alle anderen Schiff-Schiff-Kanäle sind ausschließlich den Nachrichten für die Sicherheit der Navigation vorbehalten. Angesichts der Vielzahl an Wassersportfahrzeugen bzw. der entsprechenden Dichte an Funkstellen auf den niederländischen Binnengewässern sollte der Funkverkehr diszipliniert abgewickelt und sollten Funkgespräche auf das Notwendige beschränkt werden. Für Anrufe bzw. zur Alarmierung auf den Binnengewässern wird **Kanal 10** benutzt. UKW-Kanal 16 wird im Binnenschiffahrtsfunk der Niederlande nicht überwacht. Grundsätzlich darf die Sendeleistung in allen Verkehrskreisen nur maximal **1 Watt** betragen.

Verkehrskreis Schiff – Schiff

Der Verkehrskreis *Schiff – Schiff* dient den Funkverbindungen zwischen Schiffsfunkstellen. Es dürfen nur Nachrichten übermittelt werden, die sich ausschließlich auf die Fahrt oder die Sicherheit von Schiffen oder, in dringenden Fällen, auf den Schutz von Personen beziehen.

Im Verkehrskreis Schiff – Schiff werden beispielsweise Gespräche über das Betanken von Schiffen oder das Begegnen von Tal- und Bergfahrern geführt, oder es wird vor Bagger- und Taucherschiffen gewarnt. Absprachen mit einem befreundeten Skipper über das Anlaufen des nächsten Hafens oder die Wahl der abendlichen Hafenkneipe beispielsweise sind indessen nicht erlaubt.

Verkehrsabwicklung

In der Tabelle auf Seite 77 sind die Kanäle 10, 13, 06, 08, 72 und 77 dem Verkehrskreis Schiff – Schiff zugeordnet. Kanal 10 ist als erster Kanal für die Hörbereitschaft und die Abwicklung des Verkehrs zu benutzen. Kanal 13 steht als zweiter Kanal zur Verfügung. Alle mit einer Funkanlage ausgerüsteten Fahrzeuge, für die eine Ausrüstungspflicht besteht, müssen während der Fahrt ständig empfangsbereit sein.

Für Nachrichten mit sozialem Charakter, so werden die Gespräche über die nächste Hafenkneipe offiziell umschrieben, steht ausschließlich Kanal 77 zur Verfügung.

Anrufverfahren und Gesprächsbeispiel

Das Anrufverfahren ist vom Grundsatz her ähnlich wie beim Seefunkdienst:
– *höchstens dreimal der Name der gerufenen Funkstelle*
– *die Wörter HIER IST*
– *höchstens dreimal der Name der rufenden Funkstelle*
– *die Wörter BITTE KOMMEN*
Ob der Name bis zu dreimal genannt wird, hängt von den Verständigungsbedingungen ab. Des weiteren muß der Anruf bzw. das Gespräch folgende Angaben enthalten:
– Art des Schiffes
– Fahrtrichtung
– Standort des Schiffes
– Gesprächsgegenstand

Eine typische Situation im Verkehrskreis Schiff – Schiff ist die Absprache zwischen Berg- und Talfahrer über den Begegnungskurs. Der Anruf erfolgt in der Regel durch den Bergfahrer. In unserem Beispiel befindet sich der Schubverband LYON auf dem Rhein bei Stromkilometer 523 (nähe Geisenheim) mit Fahrtrichtung Oberrhein.

AN TALFAHRT IM RAUM GEISENHEIM (höchstens 3mal)
hier ist
SCHUBVERBAND LYON (höchstens 3mal)
bergfahrend mit zwei beladenen Leichtern
bei Geisenheim Kilometer 523
begegnen Steuerbord an Steuerbord
bitte kommen

Das Tankmotorschiff MAURITIUS befindet sich als Talfahrer in der Nähe und antwortet wie folgt:

SCHUBVERBAND LYON (höchstens 3mal)
hier ist
TANKMOTORSCHIFF MAURITIUS (höchstens 3mal)
leer zu Tal fahrend
bei Winkel Kilometer 520
begegnen Backbord an Backbord
Ende

Verkehrskreis Nautische Information

Der Verkehrskreis *Nautische Information* umfaßt Funkverbindungen zwischen Schiffsfunkstellen und Funkstellen der Behörden, welchen der technische Betrieb der Wasserstraßen obliegt. Es dürfen nur Nachrichten übermittelt werden, die sich auf die Fahrt oder die Sicherheit von Schiffen oder, in dringenden Fällen, auf den Schutz von Personen beziehen. Ausgeschlossen sind insbesondere Nachrichten kommerzieller Art über den Betrieb der Schiffe. Zum technischen Betrieb auf den Wasserstraßen gehört beispielsweise die Verkehrsabwicklung an Schleusen und Brücken.
Der Verkehrskreis *Nautische Information* umfaßt die Verkehrssicherungssysteme NIF und MIB auf den Binnenschiffahrtsstraßen. Die Abkürzung NIF steht für *Nautischer Informationsfunk* und MIB für *Melde- und Informationssystem Binnenschiffahrt* (siehe dazu S. 88 und 92).

Verkehrsabwicklung im Nautischen Informationsfunk (NIF)

Die Kanäle für den Verkehrskreis *Nautische Information* finden Sie in der Tabelle auf Seite 80. Auf dem deutschen Teil des Rheins werden ausschließlich die Kanäle 18 und 22 im Wechsel eingesetzt. Die Verteilung der beiden Kanäle im Rheindelta sowie für alle anderen Fahrtgebiete ist dem Merkblatt „Verkehrssicherungssysteme auf Binnenschiffahrtsstraßen" bzw. dem *Handbuch Binnenschiffahrtsfunk* zu entnehmen.

Das gesamte Binnenschiffahrtsstraßennetz ist in Verkehrsgebiete unterteilt, welche durch Revierzentralen überwacht werden. Diese Revierzentralen, die rund um die Uhr besetzt sind, verbreiten im Rahmen des Nautischen Informationsfunks (NIF) Bekanntmachungen der Behörden, wie z. B. Wasserstands- oder Lagemeldungen. Des weiteren stehen sie der Schifffahrt für nautische Anfragen zur Verfügung. Die Revierzentralen können bei dringenden Meldungen auch die Schiffsfunkstelle mit der Wasserschutzpolizei (WSP) verbinden.

Durch den Anschluß der örtlichen Schleusenfunkstelle an die überregionale Revierzentrale wird ein Anruf an die nächstgelegene Schleuse auch von der Revierzentrale mitgehört. Übernimmt die Schleuse das Gespräch, wird die weitere Aussendung nicht mehr in der Zentrale gehört. Andersherum können aber die Schleusen die Aussendungen der Revierzentralen mithören und gegebenenfalls unterbrechen. Zum unmittelbaren Eingriff in den Schiffsbetrieb hat somit die Schleuse immer Priorität.

Beide ortsfesten Funkstellen, das heißt die Revierzentrale und die örtliche Behörde, können Sammelanrufe „an alle Schiffsfunkstellen" mit dem sogenannten ARI-Signal aussenden. Dieses Signal weist die Schiffsfunkstellen auf die Wichtigkeit der Meldung hin.

Die Abbildung auf Seite 90 zeigt das *Verkehrsgebiet Niederrhein und westdeutsche Kanäle*. Für diesen Bereich ist die Revierzentrale *Duisburg* zuständig (Rufname *Duisburg Revierzentrale*). Zu festgelegten Zeiten verbreitet die Revierzentrale Duisburg Lage- und Wasserstandsmeldungen. Wie bereits gesagt, ist im Notfall die Wasserschutzpolizei (WSP) über die Revierzentrale erreichbar. Andererseits kann die WSP aber auch Funksprüche über die Revierzentrale absetzen.

Insbesondere sind der Karte die Abgrenzungen der Kanäle 18 und 22 auf dem Rhein sowie die Kanäle für die einzelnen Schleusen im Rahmen des Nautischen Informationsfunks zu entnehmen. Die zugehörigen Tafeln am Ufer sind blau mit weißer Schrift. Wer am Melde- und Informationssystem Binnenschiffahrt (MIB) teilnimmt, muß sich stets dort melden, wo die weißen Tafeln mit rotem Rand stehen. Die Abbildung auf Seite 91 zeigt die entsprechende kartographische Übersicht aus dem *Handbuch Binnenschiffahrtsfunk.*

Anrufverfahren und Gesprächsbeispiel

Wie bei Anrufen von Schiffsfunkstellen untereinander wird der Schiffsname als Rufzeichen verwendet. Des weiteren muß der Anruf bzw. das Gespräch folgende Angaben enthalten:
– Art des Schiffes
– Name des Schiffes
– Fahrtrichtung
– Standort des Schiffes
– Gesprächsgegenstand

Das Motorschiff SYLVIA ist von Münster kommend unterwegs auf dem Dortmund-Ems-Kanal mit dem Fahrtziel Niederrhein. Nach Weiterfahrt auf dem Rhein-Herne-Kanal ist als nächstes die Schleuse *Herne-Ost* zu passieren. Den Dienstbehelfen und den Sichtzeichen am Ufer ist der UKW-Kanal 22 zu entnehmen.

HERNE-OST SCHLEUSE (höchstens 3mal)
hier ist
MOTORSCHIFF SYLVIA (höchstens 3mal)
Fahrtrichtung Duisburg
können wir in die Schleuse einfahren
bitte kommen

Das Schleusenpersonal könnte wie folgt antworten:

Verkehrsgebiet Niederrhein und westdeutsche Kanäle

19 Lobith (km 865) Grenzstatistik
18 Lobith (km 865) Bergfahrer MIB
64 Spyk (km 858) Talfahrer MIB
18 Emmerich
Mündung SRK **18**
km 835
Wesel (km 813) **22**
Wesel **22**
Revierzentrale Duisburg
km 785
Duisburg (km 780) **18**
DUISBURG
km 750
Neuß (ab 1998) **21**

Bevergern **20**
Bergeshövede **20**
MÜNSTER **22** Münster
81 **82** **78**
Friedrichsfeld · Hünxe · Dorsten · Flaesheim · Ahsen · Datteln
20 **78**
WDK
Datteln **20**
20 Heinrichenburg
18 **22** Werries
Hamm
Meiderich · Oberhausen
82 **81** RHK
20 Henrichenburg
22 DORTMUND
Ruhr **79**
78 Herne-Ost
Wanne-Eickel
82 **78** Gelsenkirchen
Raffelberg
Duisburg ·Ruhrschleuse (bis 30.9.97 Kanal 20)
DÜSSELDORF

Strecken **mit** Anschluß der Funkstellen an die Revierzentrale
Grenze zwischen den empfohlenen UKW-Kanälen im NIF

22 Meldepunkt

RHK = Rhein-Herne-Kanal
WDK = Wesel-Datteln-Kanal
DHK = Datteln-Hamm-Kanal
DEK = Dortmund-Ems-Kanal
SRK = Schiffahrtsweg Rhein-Kleve
MLK = Mittellandkanal
KüK = Küstenkanal

RHEIN
KÖLN **22** Köln

BONN
22 Talfahrer (km 639)
Rolandseck (km 640) **18** Bergfahrer (km 639)
Rhein

Revierzentrale Duisburg

Betriebszeit
täglich 0.00 bis 24.00 Uhr

Erreichbarkeit
NIF: aus den Bereichen aller Funkstellen mit Anschluß an die Revierzentrale, Rufname »Duisburg Revierzentrale«
Telefon (0 20 66) 2 09 70
Telefax (0 20 66) 5 46 17

Lagemeldungen im NIF täglich 6.30, 12.30, 18.30 und 0.30 Uhr, sonn- und feiertags zusätzlich 8.30 Uhr

Wasserstandsmeldungen im NIF täglich 7.30 und 14.30 Uhr

Erreichbarkeit der WSP über NIF
Die Revierzentrale Duisburg leitet angenommene Funksprüche auf Wunsch an die Leitstelle der Wasserschutzpolizei Nordrhein-Westfalen weiter. Ebenso kann die Wasserschutzpolizei Funksprüche über die Sendestellen der Revierzentrale absetzen.

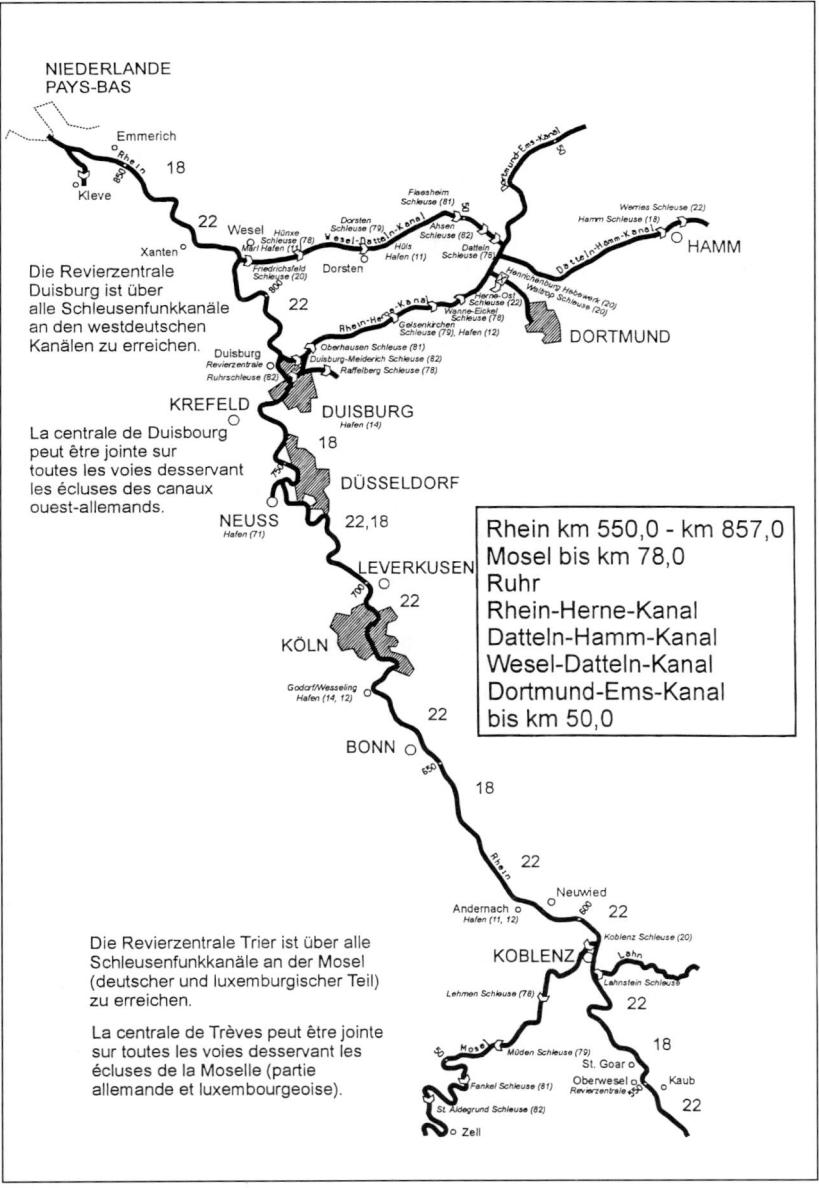

NIEDERLANDE
PAYS-BAS

Emmerich

Kleve

18

22

Wesel

Xanten

Die Revierzentrale
Duisburg ist über
alle Schleusenfunkkanäle
an den westdeutschen
Kanälen zu erreichen.

KREFELD

La centrale de Duisbourg
peut être jointe sur
toutes les voies desservant
les écluses des canaux
ouest-allemands.

NEUSS
Hafen (71)

Hünxe
Schleuse (78)
Friedrichsfeld
Schleuse (20)

Marl Hafen (11)

Dorsten
Schleuse (79)

Dorsten

Fläsheim
Schleuse (81)

Ahsen
Schleuse (82)

Hüls
Hafen (11)

Dattein
Schleuse (78)

Werries Schleuse (22)

Hamm Schleuse (18)

HAMM

Herne-Ost
Schleuse (22)
Wanne-Eickel
Schleuse (78)

Gelsenkirchen
Schleuse (79), Hafen (12)

Oberhausen Schleuse (81)

Duisburg
Revierzentrale
Ruhrschleuse (82)

Duisburg-Meiderich Schleuse (82)
Raffelberg Schleuse (78)

Henrichenburg Hebewerk (20)
Waltrop Schleuse (20)

DORTMUND

DUISBURG
Hafen (14)

18

DÜSSELDORF

22,18

LEVERKUSEN

22

KÖLN

Godorf/Wesseling
Hafen (14, 12)

22

BONN

18

22

Neuwied

Andernach
Hafen (11, 12)

22

KOBLENZ

Koblenz Schleuse (20)

Lahn

Lahnstein Schleuse

22

Die Revierzentrale Trier ist über alle
Schleusenfunkkanäle an der Mosel
(deutscher und luxemburgischer Teil)
zu erreichen.

La centrale de Trèves peut être jointe
sur toutes les voies desservant les
écluses de la Moselle (partie
allemande et luxembourgeoise).

Lehmen Schleuse (78)

Müden Schleuse (79)

Fankel Schleuse (81)

St. Aldegrund Schleuse (82)

Zell

St. Goar

Oberwesel
Revierzentrale

18

Kaub

22

Rhein km 550,0 - km 857,0
Mosel bis km 78,0
Ruhr
Rhein-Herne-Kanal
Datteln-Hamm-Kanal
Wesel-Datteln-Kanal
Dortmund-Ems-Kanal
bis km 50,0

MOTORSCHIFF SYLVIA (höchstens 3mal)
hier ist
HERNE-OST SCHLEUSE (höchstens 3mal)
die linke Schleusenkammer wird klargemacht
die Oberfahrt läuft momentan aus
bitte kommen, ob verstanden

Die Bestätigung erfolgt durch die SYLVIA:

HERNE-OST SCHLEUSE
hier ist
MOTORSCHIFF SYLVIA
habe verstanden, linke Schleusenkammer wird klargemacht
danke, Ende

Melde- und Informationssystem Binnenschiffahrt (MIB)

Neben dem Nautischen Informationsfunk (NIF) ist das Melde- und Informationssystem Binnenschiffahrt (MIB) ein weiteres Verkehrssicherungssystem auf zahlreichen Abschnitten der Binnenwasserstraßen. Die Revierzentralen erfassen im Melde- und Informationssystem die Transportdaten
von Schiffen mit gefährlichen Gütern oder bestimmter Größen beim Beginn
einer Reise und aktualisieren die Daten während der Reise. Die Melde-
punkte sind den Dienstbehelfen zu entnehmen.
Bei Schiffsunfällen geben die Revierzentralen die Daten an die Rettungsdienste und die für die Gefahrenabwehr zuständigen Stellen weiter. Dadurch können diese Institutionen schnell handeln und dem Schutz der
Schiffsbesatzungen, der Bevölkerung und der Umwelt bestmöglich dienen.
Das Verkehrssicherungssystem MIB hat für Sportboote keine Bedeutung.

Verkehrskreis Schiff – Hafenbehörde

Der Verkehrskreis *Schiff – Hafenbehörde* dient den Funkverbindungen zwischen Schiffsfunkstellen und Funkstellen der Behörden. Die Nachrichten haben sich hierbei auf den Hafenbetrieb zu beschränken. Es dürfen ebenso wie im Verkehrskreis Nautische Information nur solche Nachrichten übermittelt werden, die sich auf die Fahrt oder die Sicherheit von Schiffen oder, in dringenden Fällen, auf den Schutz von Personen beziehen. Zum Hafenbetrieb gehören das Laden und Löschen der Ladung sowie Zuweisungen zu Liegeplätzen.

Verkehrsabwicklung

Für den Verkehrskreis Schiff – Hafenbehörde stehen die Kanäle 11, 12, 14, 71 und 74 zur Verfügung. Kanal 11 wird hierbei als erster Arbeitskanal für Verbindungen zwischen deutschen Hafenbehörden und Schiffsfunkstellen benutzt.

Anrufverfahren und Gesprächsbeispiel

Das formale Anrufverfahren entspricht dem im Verkehrskreis Nautische Information.

Das Tankmotorschiff ANNEMARIE befindet sich auf dem Rhein bergfahrend bei Kilometer 785. Im Hafen Duisburg, bei Stromkilometer 780, soll die Ladung gelöscht werden. Der Kapitän der ANNEMARIE möchte hierzu vom Hafenmeister einen Liegeplatz zugewiesen bekommen.

Das Gespräch auf Kanal 14 (laut *Handbuch Binnenschiffahrtsfunk*) könnte wie folgt ablaufen:

DUISBURG HAFEN (höchstens 3mal)
hier ist
TANKMOTORSCHIFF ANNEMARIE (höchstens 3mal)
bergfahrend bei Kilometer 785
erbitte Liegeplatz zum Löschen der Ladung
bitte kommen

Weil die ANNEMARIE bereits erwartet wird, kann ihr sofort ein Liegeplatz zugewiesen werden:

TANKMOTORSCHIFF ANNEMARIE (höchstens 3mal)
hier ist
DUISBURG HAFEN (höchstens 3mal)
legen Sie im Kaiserhafen an,
es kann sofort mit dem Löschen der Ladung begonnen werden
Ende

Verkehrskreis Funkverkehr an Bord

Der Verkehrskreis *Funkverkehr an Bord* dient der Verständigung ein und desselben Schub- oder Schleppverbandes oder gekuppelter Fahrzeuge untereinander sowie an Bord ein und desselben Schiffes.

Verkehrsabwicklung

Für diesen Verkehrskreis dürfen in der Bundesrepublik Deutschland nur die Kanäle 15 und 17 verwendet werden. Die Sendeleistung darf hierbei 1 Watt nicht überschreiten. Der Verkehrskreis Funkverkehr an Bord ist für Kleinfahrzeuge, folglich auch Sportboote, gesperrt. Die tragbaren UKW-Funkanlagen sind im Binnenschiffahrtsfunk nur für den Verkehrskreis Funkverkehr an Bord zugelassen. Kleinfahrzeuge dürfen mit tragbaren Funkanlagen für den genannten Verkehrskreis nicht ausgerüstet sein. Auch dürfen diese Funkanlagen nicht an Land betrieben werden.

Anrufverfahren und Gesprächsbeispiel

Da es sich nur um internen Funkverkehr handelt, ist keine besondere Form des Anrufs vorgegeben. Der Anruf und die Mitteilungen erfolgen in der Regel kurz und präzise.

Im vorliegenden Fall wird gerade ein Schubverband zusammengestellt. Der Kapitän des Schubschiffes TAURUS II gibt dem Matrosen auf LEICHTER IV die Anweisung, die Trossen auf Backbord dichtzuholen:

LEICHTER IV
für
TAURUS II
Backbord Trossen dichtholen

Notgespräch

Anlaß für ein Notgespräch ist eine unmittelbare Gefährdung von Mensch oder Schiff. Dies gilt gleichermaßen für die Gefahrenabwehr an Land. Das Notgespräch wird, ebenso wie im Seefunk, mit dem Notzeichen

MAYDAY

eingeleitet. Für die Abwicklung eines Notgesprächs gelten die Bestimmungen der *Radio Regulations* (VO Funk).

Not kennt kein Gebot!
Keine Vorschrift darf jemanden daran hindern,
Maßnahmen zur Rettung von Menschenleben und zur
Gefahrenabwehr durchzuführen.

Zur Einleitung von Rettungsmaßnahmen sind in jedem Fall die Revierzentralen im Verkehrskreis Nautische Information anzurufen. Die Schiffsfunkstelle in Not kann aber auch auf einem Kanal im Verkehrskreis Schiff – Schiff die übrige Schiffahrt informieren.
Wie bereits erwähnt, können die Revierzentralen Anrufe der Schiffsfunkstelle an die Leitstellen der Wasserschutzpolizei (WSP) oder Feuerwehr

weiterleiten. Die WSP kann aber auch direkt über die Mobilfunknetze unter der Notrufnummer 110 benachrichtigt werden.

Im Unterschied zum Anrufverfahren bei Notgesprächen im Seefunkverkehr wird im Binnenschiffahrtsfunk auch der Name der gerufenen Funkstelle genannt. Eine Notmeldung besteht somit aus folgendem:

– dem Notzeichen (MAYDAY)
– dem Namen der gerufenen Funkstelle
– dem Namen der Funkstelle in Not
– den Angaben über Ihren Standort
– den Angaben über die Art des Notfalls und die Art der erbetenen Hilfeleistung bzw. Informationen zur Gefahrenabwehr

Im Verkehrskreis *Nautische Information* wird die Notmeldung durch die ortsfeste Funkstelle bestätigt, im Verkehrskreis *Schiff – Schiff* durch eine in der Nähe befindliche Schiffsfunkstelle. Im Verkehrskreis *Schiff – Hafenbehörde* soll erst die Bestätigung der Hafenbehörde abgewartet werden. Geschieht das nicht innerhalb von 1 Minute, muß ebenfalls die Schiffsfunkstelle das Notgespräch übernehmen.

Ein Notgespräch muß, entgegen dem Verfahren beim Seefunk, soweit notwendig oder sinnvoll auf mehreren Verkehrskreisen ausgesendet werden. Im Verkehrskreis *Funkverkehr an Bord* ist die Aussendung eines Notgespräches jedoch untersagt.

Nachfolgend wollen wir anhand eines konkreten Notfalls die Abwicklung auf den einzelnen Verkehrskreisen betrachten.

Aussendung im Verkehrskreis Schiff – Schiff

Ein Notgespräch im Verkehrskreis Schiff – Schiff dient der Sofortinformation der Schiffahrt im unmittelbaren Gefahrenbereich. Es wird natürlich über UKW-Kanal 10 abgesetzt. Doch zunächst unser Notfall:

Das Tankmotorschiff ANNABELLA /DA 4500 fährt auf dem Rhein von den Nie-

derlanden kommend Richtung Koblenz. Zwischen Düsseldorf und Köln, ca. bei Stromkilometer 725, hat die ANNABELLA eine Kollision mit einem anderen Schiff. Es läuft Benzin der Gefahrenklasse IIIa Kategorie K1 ADNR aus. Es besteht Feuergefahr. Der geladene Treibstoff muß umgehend in ein anderes Fahrzeug umgepumpt werden.
Die Meldung lautet:

MAYDAY   MAYDAY   MAYDAY
AN ALLE FUNKSTELLEN (höchstens 3mal)
hier ist
TANKMOTORSCHIFF ANNABELLA (höchstens 3mal)
bergfahrend bei Kilometer 725
hatte Kollision
habe Benzin geladen; Gefahrenklasse IIIa Kategorie K1 ADNR
Ladung läuft aus, Feuergefahr
die Schiffahrt wird gewarnt
Ende

Aussendung im Verkehrskreis Nautische Information

Im Verkehrskreis Nautische Information werden die Hilfsdienste über die zuständige Revierzentrale alarmiert. In Abhängigkeit des Standortes muß die Kanal-Nummer den Dienstbehelfen entnommen werden. Im vorliegenden Fall ist die Revierzentrale Duisburg über Kanal 22 erreichbar.

MAYDAY   MAYDAY   MAYDAY
DUISBURG REVIERZENTRALE (höchstens 3mal)
hier ist
TANKMOTORSCHIFF ANNABELLA (höchstens 3mal)
bergfahrend bei Kilometer 725
hatte Kollision
habe Benzin geladen; Gefahrenklasse IIIa Kategorie K1 ADNR
Ladung läuft aus
Feuergefahr, benötigen dringend Hilfe von Feuerwehr und Schiff zum Auf-

97

nehmen der Ladung
bitte kommen

Die Revierzentrale Duisburg antwortet wie folgt:

MAYDAY
TANKMOTORSCHIFF ANNABELLA (höchstens 3mal)
hier ist
DUISBURG REVIERZENTRALE (höchstens 3mal)
erhalten MAYDAY
bleiben Sie auf Empfang
Ende

Im Anschluß daran wird die Revierzentrale Duisburg die Schiffahrt (im Verkehrskreis Nautische Information) informieren:
MAYDAY RELAY   MAYDAY RELAY   MAYDAY RELAY
hier ist
DUISBURG REVIERZENTRALE (höchstens 3mal)
Schiffskollision bei Kilometer 725
Tankmotorschiff verliert Ladung, Benzin läuft aus,
Feuergefahr
Schiffahrt wird von Rheinkilometer 724 bis 726 gesperrt
Ende

Aussendung im Verkehrskreis Schiff – Hafenbehörde

Des weiteren können Notgespräche im Verkehrskreis Schiff – Hafenbehörde ausgesendet werden. Sie dienen der Sofortinformation der zuständigen Behörden im unmittelbaren Gefahrenbereich und werden über den im Gefahrenbereich zugeteilten Kanal abgesetzt.
Da sich in unserem Fall die Kollision auf *freier Strecke* zwischen Düsseldorf und Köln ereignete, kann eine Information in diesem Verkehrskreis entfallen. Ansonsten würde dies aber in gleicher Art und Weise erfolgen wie im Verkehrskreis Nautische Information.

Dringlichkeitsgespräch und Sicherheitsgespräch

In einem **Dringlichkeitsgespräch** werden Nachrichten übermittelt, die die Sicherheit der Besatzung oder des Schiffes betreffen, wie beispielsweise Krankheit (ohne Lebensgefahr) oder Schäden am Fahrzeug, ohne daß davon eine unmittelbare Gefahr ausgeht (auf Grund gelaufen, ohne Austritt der Ladung).
Vorzugsweise soll im Verkehrskreis Nautische Information das Dringlichkeitszeichen

PAN PAN

ausgesendet werden.

Eine wichtige nautische Warnnachricht oder eine wichtige Wetterwarnung wird im Rahmen eines **Sicherheitsgesprächs** übermittelt.
Das Sicherheitsgespräch wird mit dem Sicherheitszeichen

SECURITE

eingeleitet.

Der Funkverkehr wird in beiden Fällen den Vorschriften der *Radio Regulations* (VO Funk) entsprechend abgewickelt.

Beispiel für ein Notgespräch im Binnenschiffahrtsfunk

Auf den folgenden Seiten sind Beispiele für
– ein Notgespräch und
– für die Beendigung des Notfalls
abgedruckt.

Notgespräch

MAYDAY MAYDAY MAYDAY

Name der zuständigen **Revierzentrale** (dreimal gesprochen)
oder „**An alle Schiffsfunkstellen**"(dreimal gesprochen)

Hier ist

⇒ _____

    Schiffsart und Schiffsname (dreimal gesprochen)

Position ⇒ _____

Art des Notfalls ⇒ _____

Art der
erbetenen Hilfe ⇒ _____

Bitte kommen

Beendigung des Notfalls

MAYDAY (einmal gesprochen)

An alle Schiffsfunkstellen (dreimal gesprochen)

Hier ist

⇒ _____

    Schiffsart und Schiffsname oder die Kennung der Station, die diese Meldung
    sendet (höchstens dreimal gesprochen)

Aufgabezeit (Beendigungszeit des Notgesprächs in Ortszeit) _____

_____

Schiffsart und Schiffsname der Funkstelle, die sich in Not befand

SILENCE FINI

9 GMDSS

Die Abkürzung GMDSS steht für *Global Maritime Distress and Safety System* (Weltweites Seenot- und Sicherheitsfunksystem). Zum Bedienen von Funkeinrichtungen des GMDSS ist ein *Betriebszeugnis* erforderlich, und zwar mindestens das UKW-Betriebszeugnis. An dieser Stelle sollte Ihnen die Verkehrsabwicklung im allgemeinen Seefunkdienst genauso bekannt sein wie der allgemeine Betrieb von UKW-Seefunkanlagen. Zur Verkehrsabwicklung gehört neben dem Anrufverfahren der gesamte Not-, Dringlichkeits- und Sicherheitsverkehr.

Aufgaben und Organisation des GMDSS

Das Weltweite Seenot- und Sicherheitsfunksystem GMDSS ist von der Internationalen Seeschiffahrts-Organisation (IMO) entwickelt und eingeführt worden. GMDSS dient vor allem zur Alarmierung im Seenotfall: Durch den weitestgehend automatisierten Ablauf werden See-, Küsten- oder Erdfunkstellen alarmiert. Des weiteren soll GMDSS die Identifizierung und Ortsbestimmung der Funkstelle in Not erleichtern. GMDSS regelt auch die Koordinierung der Such- und Rettungsdienste und den Funkverkehr im Suchgebiet. Für die Sicherheit der Seeschiffahrt übermitteln einige Küstenfunkstellen im Rahmen des GMDSS nautische Warnnachrichten bzw. Wetterinformationen. Derartige Aussendungen werden durch NAVTEX über MW übertragen. Das GMDSS stützt sich zum einen auf die terrestrischen Funkdienste über KW, GW, UKW sowie MW und zum anderen auf Verbindungen über Satellit. Beide Systeme beinhalten sowohl den Sprechfunk- als auch den Funktelexverkehr.
Seit 1. Februar 1999 müssen alle funkausrüstungspflichtigen Fahrzeuge (siehe Seite 22) mit Funkeinrichtungen des GMDSS ausgerüstet sein. Die Verpflichtung zur ununterbrochenen Hörwache auf UKW-Kanal 16 sollte

mit der endgültigen Einführung von GMDSS enden, sie wurde jedoch, soweit durchführbar, bis zum 1. Februar 2005 verlängert.
Die weiteren konzeptionellen Zusammenhänge im GMDSS lassen sich anhand der Abbildung unten verdeutlichen. Die Küstenfunkstellen übernehmen nach wie vor den terrestrischen Funkverkehr über UKW, GW und KW. Im Rahmen des GMDSS ist auf allen Frequenzbereichen ein sogenannter digitaler Selektivruf (*Digital Selective Calling* – DSC) möglich. Durch DSC werden im Notfall alle Funkstellen im Empfangsbereich des Havaristen alarmiert.

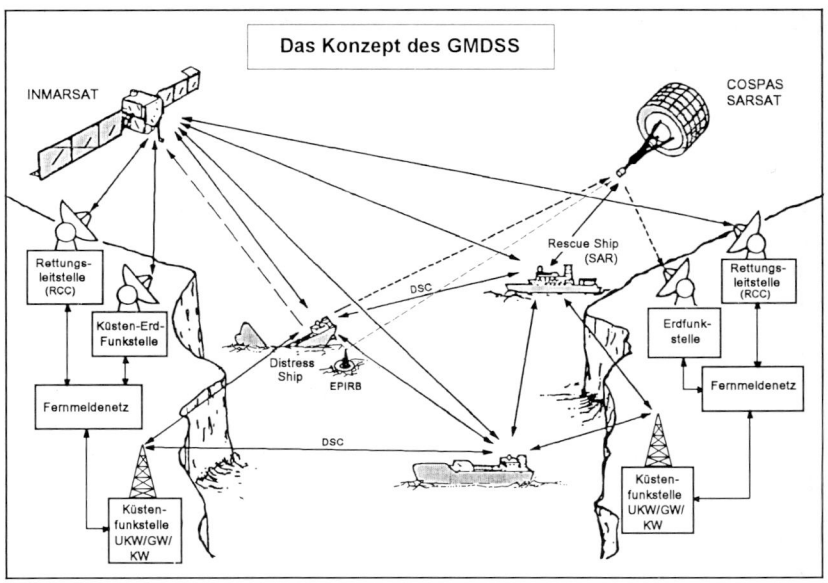

Das Konzept des GMDSS

Bei den satellitengestützten Verbindungen arbeiten zwei Systeme parallel: das COSPAS/SARSAT- und das INMARSAT-System. Das Grundprinzip ist bei beiden Varianten identisch. Die Signale der Schiffe werden vom Satelliten aufgenommen und an eine *Küsten-Erdfunkstelle* bzw. Erdfunkstelle übertragen. Die Weiterleitung an die zuständige Küstenfunkstelle bzw. maritime Rettungsleitstelle (*Maritime Rescue Coordination Centre* – MRCC) erfolgt über das Telefonnetz. Beim INMARSAT-System ist der gleiche Kommunikationsweg auch vom Land zum Schiff hin möglich. Neben der unmittelbaren Alarmierung von Bord aus senden sogenannte *EPIRB*-Baken Notsignale an das jeweilige Satellitensystem. Aufgrund der Ergebnisse aller Aussendungen können nahezu präzise die Position, die Identität und die Art der Meldung des Havaristen ermittelt werden.

Einteilung der Seegebiete

Im Gegensatz zum bisher bekannten Seenotsystem ist die Ausrüstung der Schiffe mit Funkanlagen nicht mehr von der Art und Größe des Schiffes, sondern vom befahrenen Seegebiet abhängig. Die Einteilung der Seegebiete, international als *sea area* bezeichnet, richtet sich nach den landseitig zur Verfügung stehenden Funkeinrichtungen und der damit verbundenen Reichweite.

○ *Seegebiet A1*
Das Seegebiet A1umfaßt ein von der zuständigen Verwaltung festgelegtes Gebiet innerhalb der Sprechfunkreichweite mindestens einer UKW-Küstenfunkstelle, die ununterbrochen für DSC-Alarmierungen zur Verfügung steht.

○ *Seegebiet A2*
Das Seegebiet A2 umfaßt ein von der zuständigen Verwaltung festgelegtes Gebiet (ohne Seegebiet A1) innerhalb der Sprechfunkreichweite mindestens einer GW-Küstenfunkstelle, die ununterbrochen für DSC-Alarmierungen zur Verfügung steht.

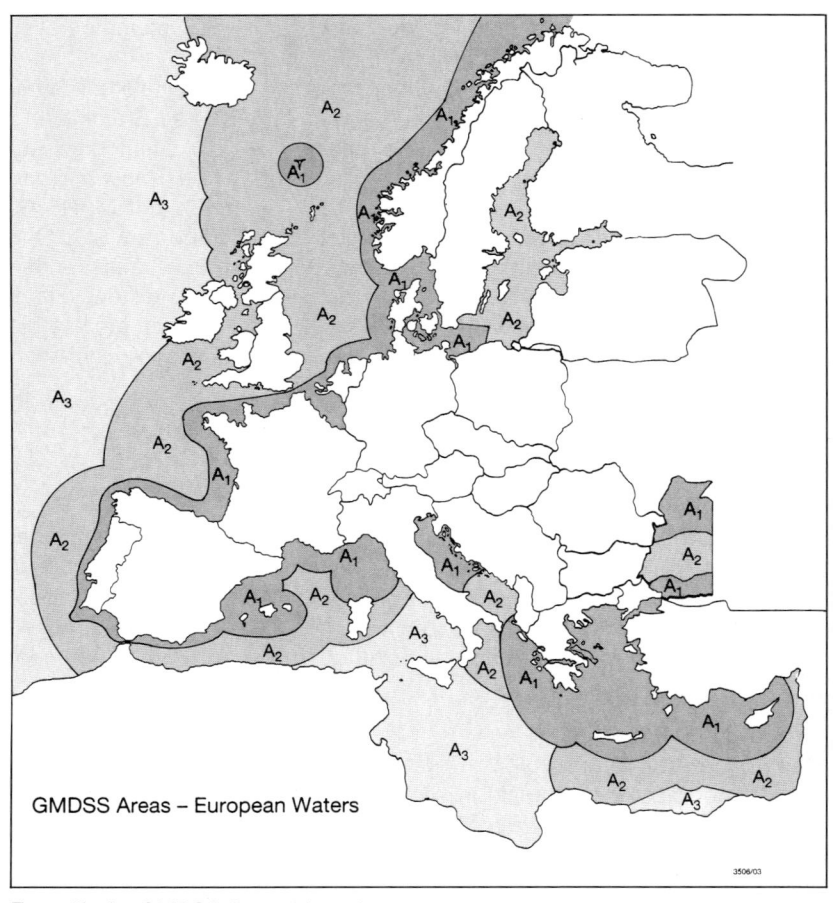

GMDSS Areas – European Waters

Europäische GMDSS-Seegebiete: A1 = Küstennähe bis ca. 30 sm,
A2 = Küstennähe bis ca. 150 sm, A3 = gesamte Erde ohne Polkappen

○ *Seegebiet A3*

Das Seegebiet A3 umfaßt ein Gebiet (ohne Seegebiet A1 und A2) innerhalb der Überdeckung eines geostationären INMARSAT-Satelliten, der ununterbrochen für Alarmierungen zur Verfügung steht.

○ *Seegebiet A4*

Das Seegebiet A4 umfaßt ein Gebiet außerhalb der Seegebiete A1, A2 und A3. Im wesentlichen handelt es sich hierbei um die Polkappen, das heißt die Gebiete nördlich 73°N bzw. südlich 73°S.

Funkausrüstung gemäß SOLAS

Der Begriff *SOLAS (Safety of Life at Sea)* steht für das *Internationale Übereinkommen zum Schutz des menschlichen Lebens auf See.* Ergänzende Bestimmungen enthält die nationale *Schiffssicherheitsverordnung* (SchSV). Der SOLAS-Konvention entsprechend müssen Frachtschiffe mit einer Bruttoraumzahl von 300 und mehr und alle Fahrgastschiffe mit Funkeinrichtungen des GMDSS ausgerüstet sein. Für nicht funkausrüstungspflichtige Fahrzeuge wie beispielsweise Wassersportfahrzeuge sind die Bestimmungen sinngemäß anzuwenden.

Neben den Funkeinrichtungen für UKW können im Seegebiet A1, das heißt im Empfangsbereich einer UKW-Küstenfunkstelle, noch weitere Systeme an Bord eingesetzt werden:

UKW-Seefunkanlage einschließlich DSC-Controller
UKW-DSC-Wachempfänger
NAVTEX-Empfänger
Satelliten-Seenotfunkbake
Radartransponder
UKW-Handsprechfunkgerät

Obwohl NAVTEX-Empfänger, Radartransponder und Seenotfunkbaken Funkeinrichtungen des GMDSS sind, ist zu deren Bedienung kein Betriebszeugnis erforderlich. Denn es handelt sich zum einen um ein passives System (NAVTEX), zum anderen um Funkeinrichtungen ausschließlich für den Notfall.

Funkverkehr im GMDSS

Der Funkverkehr im GMDSS basiert im wesentlichen auf den Verfahren im allgemeinen Sprechfunkverkehr. Durch den zusätzlichen Einsatz der vorstehend aufgeführten Geräte für GMDSS aber sind einige Änderungen bzw. Ergänzungen zu berücksichtigen.

Frequenzen im GMDSS

Für den Anruf und die Alarmierung über DSC steht auf UKW ausschließlich Kanal 70 zur Verfügung. Die Abwicklung des Not- und Sicherheitsverkehrs im Sprechfunkverfahren erfolgt auf 156,8 MHz (Kanal 16). Für den Verkehr zwischen Seefunkstellen und Luftfunkstellen, die an koordinierten Such- und Rettungsarbeiten teilnehmen, ist UKW-Kanal 06 vorgesehen. Hingegen wird für den die Sicherheit der Seeschiffahrt betreffenden Verkehr zwischen SeeFuSt der Kanal 13 benutzt – Funkverkehr von Brücke zu Brücke. SeeFuSt sollten, sofern möglich, auf Kanal 13 eine Hörbereitschaft für den Verkehr, der die Sicherheit der Seeschiffahrt betrifft, aufrechterhalten. Handsprechfunkgeräte müssen außer auf Kanal 16 auch auf einer anderen Frequenz senden können. GMDSS-zugelassene Geräte senden auf allen Simplex-Kanälen im Seefunkverkehr.

Verkehr vor Ort

Als Verkehr vor Ort wird der Funkverkehr zwischen dem Schiff in Not sowie den an den Such- und Rettungsarbeiten beteiligten Fahrzeugen bezeichnet. Das Steuern des Verkehrs obliegt dem Schiff, das die Such- und Rettungsarbeiten koordiniert. Die leitende Person vor Ort, z. B. der Vormann eines Seenotrettungskreuzers, wird *On-Scene-Commander (OSC)* genannt. Damit alle Funkstellen den Verkehr vor Ort verfolgen können, sollte das

Simplex-Betriebsverfahren benutzt werden. Vorzugsweise ist der Verkehr auf Kanal 16 abzuwickeln.

Ortungszeichen

Ortungszeichen sind Funkaussendungen, welche die Ortung eines Fahrzeuges in Not erleichtern sollen. Ortungszeichen können von den Fahrzeugen selbst, von Seenotfunkbaken oder von Radartranspondern ausgesendet werden. Zu den Ortungszeichen gehören auch die Zielfahrtzeichen von SART-Baken (siehe Seite 126).

Nachrichten für die Sicherheit der Seeschiffahrt

Der Sicherheitsverkehr im GMDSS umfaßt auch die Aussendung von Nachrichten für die Sicherheit der Seeschiffahrt. Im internationalen Sprachgebrauch werden diese Nachrichten als *Maritime Safety Information* (MSI) bezeichnet. Die Aussendungen erfolgen durch Küstenfunkstellen ausschließlich im Funktelexverfahren. Die nautischen Warnnachrichten werden je nach Dringlichkeit zwischen *wichtigen* und *vitalen* Meldungen unterschieden. *Vitale nautische Warnnachrichten* sind hierbei von überragender Bedeutung.
An Bord werden MSI über NAVTEX auf der Mittelwellenfrequenz 518 kHz empfangen. Der zugehörige Funkverkehr wird, wie bereits geschildert, auf UKW-Kanal 13 abgewickelt.

Rufzeichen im GMDSS

Für die Teilnahme am Weltweiten Seenot- und Sicherheitsfunksystem (GMDSS) erhalten Funkstellen zusätzlich eine *Rufnummer des mobilen Seefunkdienstes.* Diese sogenannten *Maritime Mobile Service Identities*, abgekürzt MMSI, werden auch im terrestrischen Funkverkehr zur Kennzeichnung für Funkstellen mit DSC verwendet. Die 9stellige Ziffernreihe enthält eine Seefunkkennzahl sowie die weitere Rufnummer. Jedem Land wurde eine internationale Seefunkkennzahl zugewiesen. Diese 3stellige *Maritime Identification Digit* (MID) entspricht quasi einer Länderkennung. Funkstellen der Bundesrepublik Deutschland werden durch die MID-Nummern 211 und 218 gekennzeichnet. Bei See- oder Küstenfunkstellen ist die Stellung der MID innerhalb der MMSI jedoch unterschiedlich:

211	+ 6 Ziffern	Seefunkstelle
0211	+ 5 Ziffern	Gruppenruf an Seefunkstellen
00211	+ 4 Ziffern	Küstenfunkstelle

Die Rufnummern der jeweiligen KüFuSt sind den Dienstbehelfen zu entnehmen. Rufzeichen und MMSI-Rufnummer der jeweiligen Seefunkstelle – zugeteilt von der Regulierungsbehörde für Telekommunikation und Post, Außenstelle Hamburg – enthält die Urkunde über die Frequenzzuteilung.

10 Betrieb von Funk-einrichtungen des GMDSS

Die nachfolgenden Ausführungen beziehen sich auf den Betrieb der auf Seite 105 aufgelisteten Geräte. Für die Prüfung sollte Ihnen vor allem der Umgang mit dem DSC-Controller vertraut sein.

DSC

Der digitale Selektivruf, kurz DSC *(Digital Selective Calling)* genannt, gehört zum terrestrischen, das heißt landgebundenen Bestandteil des GMDSS. Dieser Funkdienst wird von den Küstenfunkstellen über die Frequenzbänder GW, KW und UKW abgewickelt. In diesen Bereichen stehen jeweils genau fixierte Frequenzen bzw. Kanäle für einen DSC-Anruf zur Verfügung. Auf UKW dient hierzu der bereits bekannte Kanal 70.
DSC dient zur Alarmierung im Notfall, zur Ankündigung von Dringlichkeits- oder Sicherheitsmeldungen sowie zum Anruf an Funkstellen. Durch die Übertragung von digitalen Signalen wird die Reichweite nahezu verdoppelt. Infolgedessen dürfte auf der zugehörigen UKW-Frequenz 156,525 MHz kein menschlicher Laut wahrnehmbar sein. Sollte dennoch dieser Kanal irrtümlich für Sprechfunkverkehr benutzt werden – bei älteren Sprechfunkgeräten ist das noch möglich –, wird dies als Verstoß gegen die geltenden Bestimmungen des Seefunkdienstes gewertet.
Nach dem Anruf mittels DSC wird das Gespräch in der gewohnten Weise über die UKW-Sprechfunkanlage und den vereinbarten Sprechweg (Kanal) durchgeführt.
Eine DSC-Anlage besteht aus dem DSC-Controller und dem Wachempfänger für Kanal 70.

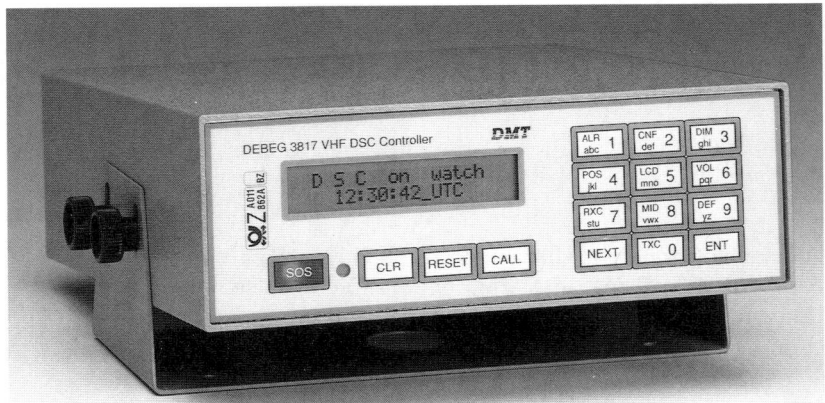

UKW-DSC-Controller DEBEG 3817 (STN ATLAS)

UKW-DSC-Sprechfunkanlage, Shipmate RS 8400 (Simrad)

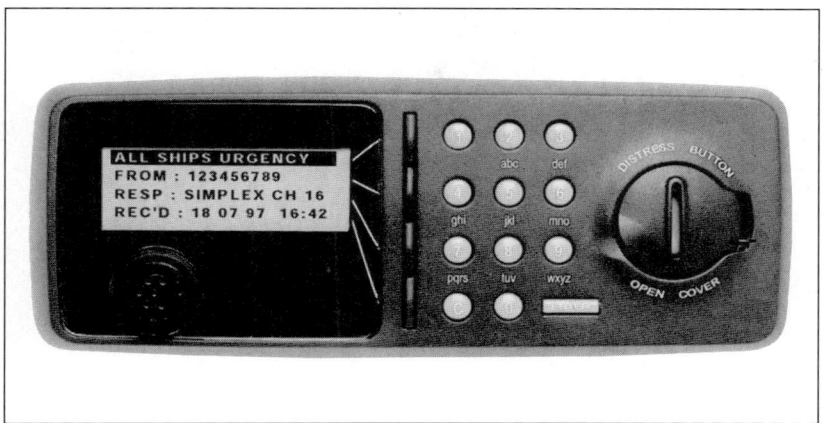

UKW-DSC-Controller Class D, ICS-DSC 3 (Eissing/Dantronik)

UKW-DSC-Sprechfunkanlage Simrad RD 68

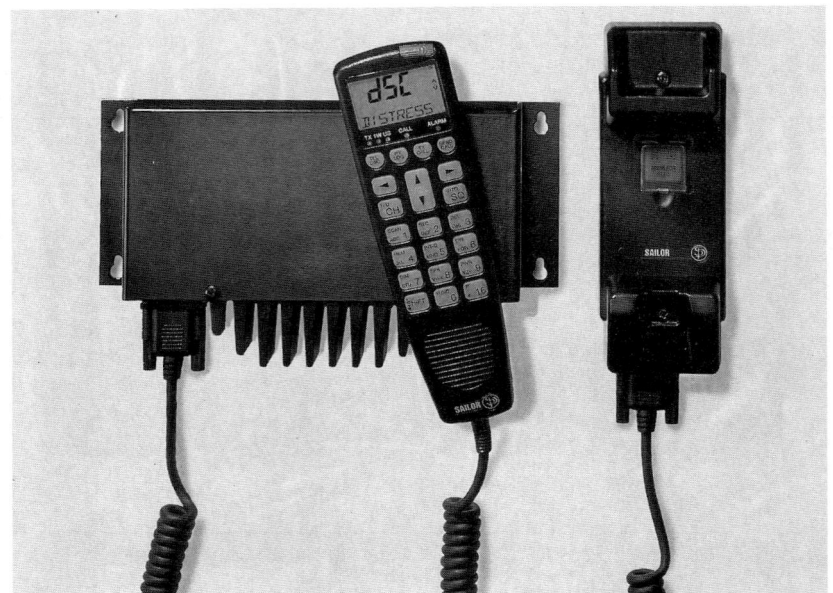

Sailor A1 – kombinierte UKW-Seefunk-/Binnenschiffahrtsfunkanlage mit DSC, Klasse D, und ATIS (Elna)

Der DSC-Controller

Zur Teilnahme am digitalen Selektivruf benötigen Sie einen DSC-Controller. Dieser wird, sofern möglich (bei älteren Geräten ist das nicht immer der Fall), über die vorhandene Schnittstelle mit dem Sprechfunkgerät verbunden. Der Controller wird als reines Steuergerät für die Funkanlage benutzt. Aussendung und Empfang erfolgen weiterhin über das Sprechfunkgerät. So schaltet der Controller die Sprechfunkanlage für jede DSC-Aussendung auf Kanal 70 bzw. auf den Arbeitskanal im Sprechfunkverkehr automatisch um. Ist eine derartige Fernsteuerung nicht möglich, muß der Sender bzw. Empfänger des Sprechfunkgerätes jeweils manuell auf den entsprechenden Kanal abgestimmt werden.

Durch den Wachempfänger für Kanal 70 kann ein DSC-Ruf auch dann empfangen werden, wenn Sie auf einem anderen UKW-Kanal Funkverkehr durchführen. Allerdings ist hierzu eine separate Antenne notwendig.

Wie bereits auf Seite 102 gesagt, werden DSC-Notalarme von der Küstenfunkstelle empfangen und unmittelbar an das zuständige MRCC weitergeleitet. Durch den Empfang der Nachrichten in schriftlicher Form werden zusätzlich Übermittlungsfehler ausgeschlossen. Selbst am DSC-Controller an Bord kann ein Protokolldrucker angeschlossen werden. Vor allem durch die Kopplung des Controllers mit einem Navigationsempfänger, vorzugsweise GPS, wird die Position des Havaristen präzise übermittelt.

Neben dem bisher bekannten Selektivruf an einzelne Seefunkstellen können im DSC-Verfahren auch Gruppen von Funkstellen oder Fahrzeuge innerhalb eines bestimmten, frei definierbaren Gebietes gerufen werden. Letzteres wird als *area call* bezeichnet.

Vergleichbar dem Kurzwahlspeicher bei modernen Telefonapparaten können im DSC-Controller Adressen, das heißt MMSI-Rufnummern und Telefonnummern, abgelegt werden. Selbst bereits editierte Anrufe können nochmals aufgerufen und gesendet werden. Eine weitere, wesentliche Funktion ist die Abspeicherung der zuletzt empfangenen Anrufe und Meldungen. Notalarme werden hierbei unlöschbar abgespeichert.

Bedienung eines DSC-Controllers

Die Bedienung eines DSC-Controllers erfordert schon ein wenig Übung. Gemeinsam haben die vielfältigen angebotenen Geräte die Menüsteuerung über das Display. Die Auswahlmenüs und Vorgehensweisen dagegen sind derart unterschiedlich, daß im Einzelfall auf die, zumeist umfangreichen, Bedienungsanleitungen der Hersteller verwiesen werden muß. Auch wenn Sie den Erwerb des UKW-Betriebszeugnisses II beabsichtigen: Für die Bedienung verwenden alle Geräte englische Fachausdrücke. Die wichtigsten Begriffe sind im Anhang aufgeführt (s. S. 163 ff.).

Die wesentlichen Bedienungselemente des Controllers werden Ihnen, genau wie beim UKW-Sprechfunkgerät, nach ein wenig Übung schnell vertraut sein. Zum sicheren Bedienen ist vor allem praktische Erfahrung notwendig. Sie sollten jede Möglichkeit dazu nutzen, ob während einer Schulung oder auch an Bord.

Die grundlegende Regel für menügeführte Kommunikationssysteme sollte auch bei einem DSC-Controller gewahrt bleiben:

Erst lesen – dann Befehl eingeben!

Durch Betätigen der **SOS-** bzw. **DISTRESS**-Taste wird das Notalarmmenü im DSC-Controller aufgerufen. Ein DSC-Notalarm kann sowohl undefiniert (undesignated) als auch mit näheren Angaben zum Notfall ausgesendet werden. Sofern noch genügend Zeit verbleibt, sollten vor der Aussendung zusätzliche Angaben über die Art des Notalarms editiert, das heißt am Controller ausgewählt werden. Hierzu hat man im sogenannten **nature of distress**-Menü mehrere Wahlmöglichkeiten.

Wenn ein Navigationscomputer angeschlossen ist, werden die Daten für Position und Zeit an entsprechender Stelle automatisch eingefügt. Selbstverständlich können die Koordinaten auch manuell eingegeben werden.

Um ungewollte Fehlalarmierungen zu vermeiden, muß zum Senden der Notmeldung bei einigen Geräten die *SOS-* bzw. *DISTRESS*-Taste für mehrere Sekunden gedrückt werden. Bei anderen Fabrikaten sind hingegen zwei Tasten gleichzeitig zu betätigen.

Nach dem Senden eines Notrufes erwartet der Controller die DSC-Empfangsbestätigung einer anderen Funkstelle. Der Controller verbleibt so lange in diesem Zustand, bis entweder eine Bestätigung erfolgt oder aber der Prozeß durch den Bediener beendet wird.

Neben der beschriebenen Notalarmierung werden alle weiteren Anrufe und Meldungen über das **CALL**-Menü editiert. Hierbei wird zunächst die Art des Rufes über das Menü **type of call** ausgewählt. Einzelheiten über die Inhalte der wesentlichen Auswahlmenüs finden Sie im folgenden Abschnitt.

Zum schrittweisen Durchlaufen der gespeicherten Informationen oder Menüs wird die **NEXT**-Funktion benötigt. Einige Geräte haben an dieser Stelle auch Pfeiltasten.

Durch die Tasten **CLEAR** oder **CANCEL** werden die angezeigten Parameter gelöscht; sie ermöglichen somit eine nochmalige Eingabe der Daten. Mittels dieser Tasten werden aber auch aktive Alarme ausgeschaltet. So wird z. B. beim Empfang eines Notalarms die optische und akustische Anzeige am Controller quittiert. Mit der Eingabe **ENTER** bestätigt man die gewählten Parameter und beendet die Eingabe. Zur Vermeidung falscher Meldungen sollten grundsätzlich vor dem Senden die eingestellten Parameter nochmals überprüft werden. Durch die Befehle **RESET** oder **MAIN MENUE** kehrt man wieder zum Hauptmenü, das heißt zum Ausgangspunkt, zurück.

Auswahlmenüs eines DSC-Controllers

Aus den angewählten Menüs kann jeweils nur eine Möglichkeit ausgewählt werden:

○ *Type of Call*
Sofern es sich nicht um einen Notalarm handelt, werden alle weiteren Anrufe aus dem *CALL*-Menü heraus editiert und anschließend gesendet. Die Ruftypen werden aus einer oder aus zwei Menüebenen ausgewählt. Mindestens stehen die nachfolgenden Möglichkeiten zur Verfügung:

dialphone call

selective call

all ships call

group call

area call

Sofern Sie den Ruf nur an Funkstellen innerhalb eines bestimmten Gebietes richten wollen, wählen Sie den *area call* aus. Für einen Gebietsruf ist es notwendig, das geographische Gebiet zu spezifizieren, das heißt einzugrenzen.
Das geographische Gebiet wird als ein Rechteck beschrieben, dessen linke obere Ecke der Bezugspunkt für die weiteren Angaben ist. Als Bezugspunkt geben Sie einen Ort nach Längen- und Breitengraden an. Für das eigentliche Ruf-Gebiet geben Sie anschließend die horizontale und vertikale Seitenlänge des Rechtecks in Grad ein. Aufgrund der geringen Reichweite im UKW-Bereich ist diese Funktion dort weniger bedeutsam.

Bezugspunkt

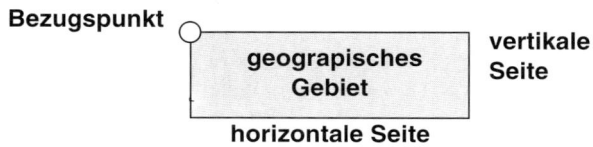

vertikale Seite

horizontale Seite

○ *Category – Priority*
Vor jeder Aussendung muß des weiteren die Kategorie bzw. Priorität angewählt werden. In Anlehnung an die Rangfolge des Verkehrs im Seefunkdienst werden DSC-Anrufe nach den folgenden Kategorien unterschieden:

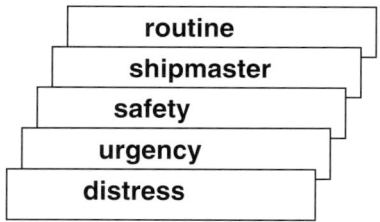

Die Category „shipmaster" bezieht sich auf Meldungen der Schiffsführung verschiedener Seefunkstellen untereinander: Funkverkehr von Brücke zu Brücke.

○ *Nature of distress*
Sofern es sich um einen Notfall handelt, sollte die Art des Notfalls spezifiziert werden:

116

fire, explosion
flooding
collision
grounding
danger of capsizing
sinking
disabled and adrift
piracy or robbery
abandoning ship
person over board

Diese Angaben sollen den umliegenden Funkstellen anzeigen, welche Art der Hilfeleistung geeignet ist bzw. ob die in Not geratenen Personen das Schiff schon verlassen haben.

Konfiguration von Position und Uhrzeit

Im Modus der Konfiguration kann man bestimmte Einstellungen am DSC-Controller vornehmen. In diesem Zusammenhang sind vor allem die Einstellung von Zeit und Position von Bedeutung.
Außer der Zeitangabe in UTC verwendet der Controller auch unterschiedliche Zeiten: zum einen die aktuelle Uhrzeit, die im Grundmenü angezeigt wird, und zum anderen die Zeitangabe für die abgespeicherte Position. Sofern kein Navigationscomputer mit dem DSC-Controller verbunden ist, sollte die aktuelle Position nebst der zugehörigen Uhrzeit so oft als möglich abgespeichert werden. Nur so wird bei der Alarmierung im Notfall auch die richtige Position übermittelt. Des weiteren gewährleistet die aktuelle Position die korrekte Auswertung eines Gebietsrufes.

NAVTEX

NAVTEX *(Navigational Warnings by Telex)* ist ein wichtiger Bestandteil des Seenot- und Sicherheitsfunksystems GMDSS. Ein weltweites Netz von NAVTEX-Küstenfunkstellen verbreitet auf der Mittelwellenfrequenz 518 kHz wichtige Nachrichten für die Schiffahrt: nautische Warnnachrichten, Sturmwarnungen, Eisberichte, Such- und Rettungsmeldungen sowie Wettervorhersagen. Die Reichweite von NAVTEX liegt bei 200 bis 400 Seemeilen von den Sendestationen. NAVTEX-Meldungen werden nur im Telexverfahren übermittelt. Die Geräte an Bord entschlüsseln die Informationen und drucken sie anschließend in Klartext aus, allerdings in englischer Sprache. Um gegenseitige Störungen zu vermeiden, werden die Nachrichten von den einzelnen NAVTEX-Stationen zeitversetzt gesendet. Während Wettermeldungen und nautische Warnnachrichten mehrmals täglich nach einem festen Zeitablauf gesendet werden, erfolgt bei aktuellen Sturm- und Schiffahrtswarnungen eine sofortige Verbreitung. Bei einem NAVTEX-Empfänger kann neben der Sendestation und der Art der Nachrichten auch das Seegebiet (NAVAREA) ausgewählt werden.

Durch den vollautomatischen Betrieb des Gerätes können Nachrichten auch empfangen werden, wenn niemand an Bord ist. So verzögert sich der abendliche Gang des Skippers in die Hafenkneipe nicht mehr durch das Abhören des Wetterberichtes.

Neben den Wetterberichten der deutschen UKW-Küstenfunkstellen ist NAVTEX eine sinnvolle Ergänzung, wobei sich Wetterfunkempfänger mit eingebautem NAVTEX-Decoder besonders empfehlen.

Die Drucker der meisten NAVTEX-Geräte eignen sich gleichfalls zum Protokollieren der aktuellen Position. Hierzu wird der Navigationscomputer mittels geeigneter Schnittstelle mit dem NAVTEX-Gerät verbunden.

Das Errichten und Betreiben von NAVTEX-Empfängern ist auf Sportbooten allgemein genehmigt. Für die Prüfung zum UKW-Betriebszeugnis ist es jedoch von geringer Bedeutung.

NAVAREA

Neben der Einteilung der Seegebiete für die Funkausrüstung im GMDSS in A1 bis A4 erfolgt eine Einteilung der Weltmeere in 16 NAVTEX-Gebiete (NAV-AREAS = NAVAREAS). Sie sind Bestandteil des weltweit koordinierten Warnfunksystems, für die nautische Warnnachrichten veröffentlicht werden. Die Warnnachrichten werden einerseits über Satellit und andererseits durch das NAVTEX-System verbreitet. Der nord- bzw. mitteleuropäische Bereich wird durch NAVAREA I abgedeckt. Wegen der größeren Reichweite auf MW sind nur wenige NAVTEX-Stationen erforderlich. Für den Skipper in Nord- und Ostsee stehen die Stationen Oostende (T) in Belgien, IJmuiden (P) in den Niederlanden, Cullercoats (G) in England, Stockholm (J) in Schweden und Rogaland (L) in Norwegen zur Verfügung. Die Buchstaben kennzeichnen die jeweilige Station. Die Bundesrepublik Deutschland betreibt keine NAVTEX-Station. Die genannten Küstenfunkstellen bzw. Küstenwachen sowie deren Sendezeiten können dem *Handbuch Nautischer Funkdienst* sowie dem *Jachtfunkdienst* (s. S. 47) entnommen werden.

Nachrichtenarten im NAVTEX-Dienst

Von den nachfolgend aufgeführten Nachrichten sind wahrscheinlich nicht alle an Bord von Bedeutung. Je nach Seegebiet und persönlichem Interesse können Sie die gewünschten Nachrichtenarten auswählen. Die jeweils an Bord erforderlichen Nachrichtenarten können individuell anhand eines Menüs an den Geräten zusammengestellt werden. Lediglich die Meldungen über (A) *Navigational Warnings,* (B) *Gale/Storm Warnings* und (D) *Initial Distress Info* lassen sich nicht unterdrücken. Eine Auswahl empfiehlt sich bei den im Klartext ausdruckenden Geräten. Zwar sind alle Meldungen interessant, man unterschätze jedoch nicht den Bedarf an Papier.

(A) Navigational Warnings – Nautische Warnnachrichten

Im Rahmen der Nautischen Warnnachrichten, abgekürzt NX, werden vertriebene oder verloschene Tonnen, neu ausgelegte Schiffahrtszeichen sowie Änderungen, die Seekarten betreffend, gemeldet. Häufig sind auch Meldungen über Arbeiten an Pipelines oder Seekabeln zu lesen.

(B) Gale / Storm Warnings – Starkwind-/Sturmwarnungen

Starkwind- und Sturmwarnungen werden sofort nach Eingang bei der Küstenfunkstelle gesendet. Die Meldungen können nicht unterdrückt werden.

(C) Ice Reports – Eisberichte

Eiswarnungen werden nur in den betroffenen Gebieten gesendet, in denen mit Eisgang zu rechnen ist.

(D) Initial Distress Info – Erstinformation über Seenotfälle

Die Such- und Rettungsinformationen enthalten Angaben über die Seenotposition sowie die Aufforderung an Schiffe, die sich in der Nähe des Unfallortes befinden, den Sprechfunkverkehr auf UKW-Kanal 16 bzw. auf 2182 kHz der Grenzwelle abzuhören. Neben der Alarmierung im Notfall werden hier auch Informationen zu Dringlichkeits- und Sicherheitsmeldungen gesendet. Eine sofortige Aussendung versteht sich von selbst. Auch diese Meldungen sind im Empfänger nicht zu unterdrücken.

(E) Weather Forecast – Wettervorhersagen

Wetterberichte und -vorhersagen werden nach einem festgelegten Zeitplan mehrfach täglich von den einzelnen NAVTEX-Stationen ausgesendet. Es bieten jedoch nicht alle Stationen diesen Dienst an. Dennoch werden z. B. die Seegebiete der Nordsee zum Teil von verschiedenen Stationen berücksichtigt.

(F) Pilot Service Messages – Informationen der Lotsendienste

Die Informationen der Lotsendienste sind überwiegend für die Berufsschiffahrt von Bedeutung.

(G) Decca messages – Informationen über Decca

Bei diesem Dienst handelt es sich um Informationen über eventuelle Störungen/Veränderungen im Navigationssystem Decca.

(H) Loran C messages – Informationen über Loran C

Bei diesem Dienst handelt es sich um Informationen über eventuelle Störungen/Veränderungen im Navigationssystem Loran C.

(I) Omega messages – Informationen über Omega

Bei diesem Dienst handelt es sich um Informationen über eventuelle Störungen/Veränderungen im Navigationssystem Omega.

(J) Satnav messages – Informationen über Satnav

Bei diesem Dienst handelt es sich um Informationen über eventuelle Störungen/Veränderungen der Satellitennavigationssysteme.

(K) Other electronic Navaid messages – Informationen über sonstige elektronische Navigationsverfahren

(L) Navarea Warnings – Nautische Warnnachrichten (Ergänzung zu A)

Diese zusätzlichen Warnnachrichten betreffen das gesamte NAVTEX-Sendegebiet. Das europäische Sendegebiet gehört zur NAVAREA I.

(Z) No messages – Keine Meldungen (QRU)

Die Kontrollsendung „QRU" der NAVTEX-Stationen besagt, daß keine Meldungen vorliegen.

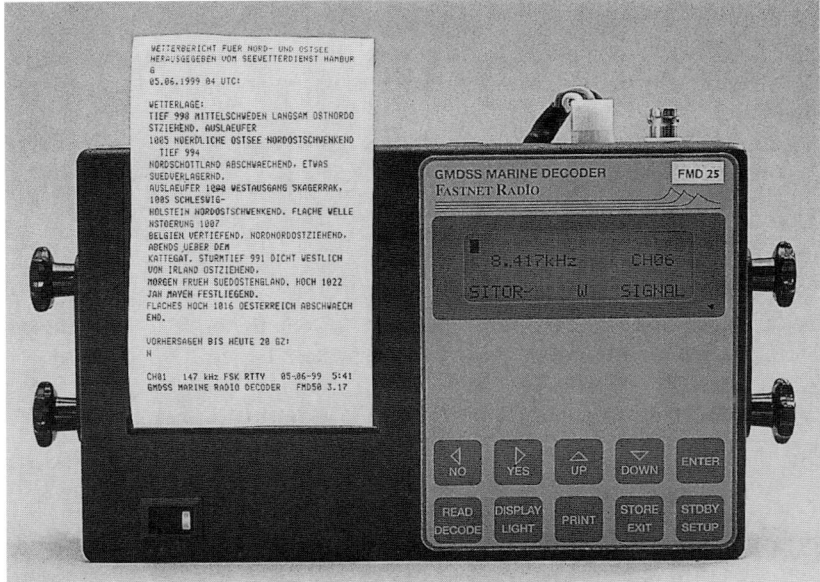

NAVTEX-Empfänger FMD25 für die Frequenzen 490 und 518 kHz. Das Gerät empfängt, decodiert und speichert die NAVTEX-Nachrichten automatisch und druckt sie bei Bedarf aus.
Mit dem gleichen Gehäuse gibt es den FMD15 mit einer NAVTEX-Frequenz (518 kHZ) und einer wählbaren Frequenz für Wetternachrichten sowie den FMD20 mit zwei NAVTEX-Frequenzen (490 und 518 kHz) sowie acht festen Frequenzen für die wichtigsten Wetternachrichten in europäischen Gewässern. (Fastnet Radio)

NAVTEX-Meldungen

Sowohl mit Hilfe der NAVTEX-Stationen als auch anhand der Nachrichten-arten (vgl. S. 119) können Sie die an Bord benötigten Informationen zu-sammenstellen. Jede Meldung enthält zu Beginn zwei Buchstaben mit ei-ner laufenden Nummer. Nachfolgend ist auszugsweise eine Wettervorher-sage (E) von Cullercoats Radio (G) abgedruckt:

```
NAVTEX MESSAGE ==================== GE 19
CULLERCOATSRADIO
SHIPPING FORECAST

2048 ON THURSDAY 29 MAY 1999

THE GENERAL SYNOPSIS AT MIDDAY
HIGH THAMES 1031 EXPECTED GERMAN BIGHT
1033 BY MIDDAY TOMORROW
LOW 150 MILES WEST OF TRAFALGAR 1007
MOVING SLOWLY SOUTHEAST WITH LITTLE CHANGE

THE AREA FORECASTS FOR THE NEXT 24 HOURS
ISSUED BY THE MET

DOGGER
VARIABLE  2 OR 3. FAIR. MODERATE OR GOOD

FISHER GERMAN BIGHT
NORTHWESTERLY 5 OR 6, DECREASING 3 OR 4,
BECOMING VARIABLE IN GERMAN BIGHT LATER,
DRIZZEL AT FIRST, MODERATE OR GOOD

THAMES DOVER
NORTHEASTERLY 4 OR 5, OCCASIONALLY 6,
FAIR. MODERATE OR GOOD

NNN
==========================================
```

Den Empfang einer Not- oder Dringlichkeitsmeldung signalisiert der NAV-TEX-Empfänger akustisch, eine Meldung, die entsprechend quittiert werden muß. So auch im Fall der nachfolgenden Dringlichkeitsmeldung (D) von Cullercoats Radio (G):

NAVTEX MESSAGE ===================== GD00
PAN ALERT
POSSIBLE RED FLARES SIGHTED 2100 UTC
VESSELS REQUESTED KEEP SHARP LOOKOUT AND
REPORT
POSITION 52.40 N 00.45E
LISTEN VHF CHNL16
YARMOUTH CG CO-ORDINATING

NNN
===

NAVTEX MESSAGE==================== JD98
171305 UTC
STOCKHOLM RADIO
MAYDAY RELAY NO 1 FROM SWEDEN RESCUE
AT 1300 UTC EMERGENCY BEACON (EPIRB/ELT)
SIGNALS DETECTED ON 406 MHZ WITH BEACON
NUMER 2657190000
IDENTIFIED AS F/V SANTOS/GG361 WITH
CALLSIGN SJET
FROM APPROXIMATE PSN LAT 56-25.8 N
LONG 18-33.6 E
SHIPS IN THE AREA ARE REQUESTED TO KEEP
SHARP LOOKOUT

NNN
===

NAVTEX MESSAGE ==================== PA94
NETHERLANDS COASTGUARD
NAVIGATIONAL WARNING NR 94
161845 UTC SEP TSS OFF TEXEL
HYDROGRAPHIC EQUIPMENT COVERED BY
YELLOW LIGHTBOUY FL(5)Y 20S AND FITTED
WITH RADARREFLECTOR TEMPORARILY
ESTABLISHED IN POSITION
52-49 N 004-16E

NNN
==

SART

Radartransponder leisten im GMDSS-System ebenfalls einen wichtigen Beitrag beim Auffinden des Havaristen. *Search and Rescue Radar Transponder (SART)* arbeiten im Radarfrequenzbereich von 9 GHz*. Radartransponder bzw. *Radarantwortbaken,* beide Bezeichnungen sind synonym zu verwenden, strahlen Impulse aus, sobald sie vom Schiffsradar erfaßt werden. Diese Impulse werden auf dem Bildschirm des Radargerätes in Form von 12 aufeinanderfolgenden Strichen als Echo dargestellt. Zu

---

* 1 GHz entspricht 10^9 Hz.

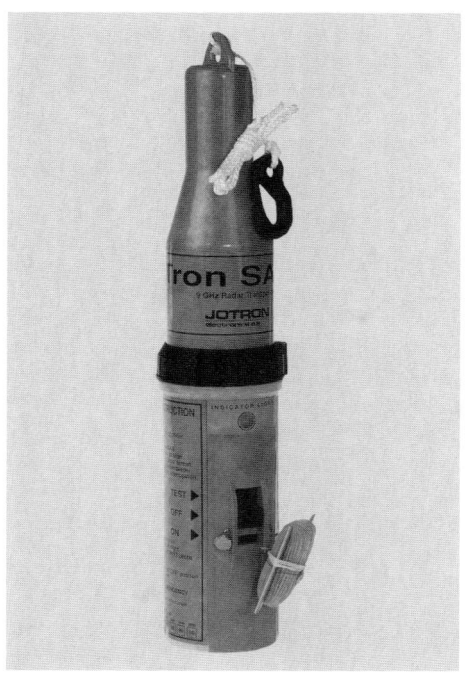

*Radarantwortbake 9 GHz
Tron SART (Nera)*

Hilfe eilende Schiffe können so eine Funkzielfahrt auf den Havaristen zu machen. Zusätzlich gibt die Radarantwortbake akustische und optische Signale ab, die den in Not geratenen Personen anzeigen, daß sie vom Schiffsradar erfaßt sind. Die Geräte sind so kompakt, daß sie vor allem in Rettungsinseln mitgeführt werden können. Ausgelöst wird der Transponder in der Regel durch Betätigen eines Verschlusses. Da die Reichweite von der Antennenhöhe abhängt, sollte die Radarantwortbake im Bedarfsfall an dem Teleskopgriff hochgehalten werden. So können Reichweiten bis zu 10 sm erzielt werden. Bei Betrieb im Wasser sind lediglich ca. 2 sm möglich. Radarantwortbaken können somit nur im Nahbereich eingesetzt werden.

EPIRB

Emergency Position-Indicating Radio Beacons, kurz EPIRB genannt, sind Satelliten-Notfunkbaken zur weltweiten Ortung und Identifizierung von Signalen durch in Not geratene Schiffe. Wie schon auf Seite 103 gesagt, stehen zwei unterschiedliche Systeme zur Verfügung: zum einen die Funkbaken, die in das COSPAS/SARSAT-System integriert sind, und zum anderen die Geräte für die INMARSAT-Frequenzen.

Satelliten-Notfunkbaken arbeiten im großen und ganzen vollautomatisch: Sinkt oder kentert das Schiff, löst ein Aufschwimmechanismus die Aussendung des Notrufes aus. Zusätzlich kann von Hand ausgelöst werden. Die einfache Handhabung darf nicht dazu führen, daß Alarm unbeabsichtigt oder leichtfertig ausgelöst wird. Deshalb sind derartige Systeme an Bord verantwortungsbewußt aufzubewahren und einzusetzen.

Zum Wiederauffinden im Wasser dient eine lichtstarke Blinklampe auf der Bake.

EPIRBs werden durch einen Testschalter auf ihre Funktionstüchtigkeit überprüft. Blinkt die Lampe in der Schalterstellung *TEST,* ist die Bake einsatzbereit.

Satelliten-Notfunkbaken sind durch die kleine Bauform auch für Yachten geeignet. Vor allem Blauwassersegler erhalten hierdurch ein zweites, von der terrestrischen Funkanlage unabhängiges Alarmierungssystem.

406-MHz-Notfunkbaken

Funkbaken, die auf der Frequenz 406 MHz arbeiten, gehören zur älteren, aber weitverbreiteten COSPAS/SARSAT-Generation. Das von Rußland, den USA, Kanada und Frankreich errichtete System basiert auf sechs Satelliten (LEOSAR = Low Earth Orbit Search and Rescue), welche die Erde in einer Höhe von etwa 800 bzw. 1000 Kilometern in einer elliptischen polaren Bahn umlaufen. Zusätzlich gibt es neuerdings noch drei geostationäre Satelliten (GEOSAR = Geostationary Search and Rescue) in 36 Kilometer Höhe über dem Äquator. Diese Satelliten decken mehr als 80 Prozent der Erdoberfläche ab, Polkappen ausgenommen.
Die Ortung der Bake erfolgt über die Frequenz 406 MHz nach dem Doppler-Verfahren.

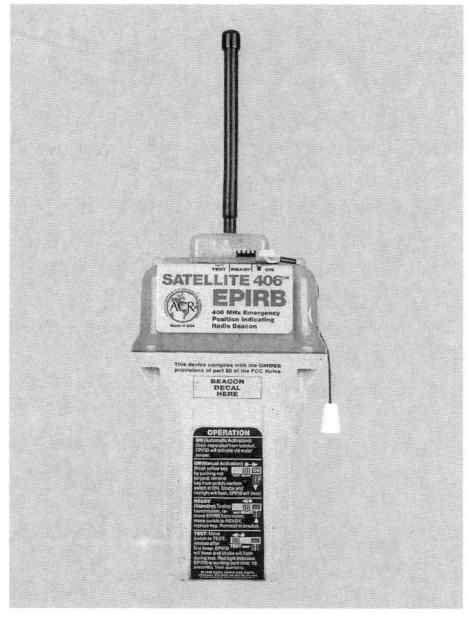

Notsender Satellite 406 von ACR
(Kleemann & Kreutzfeldt)

Zur Identifizierung erhalten die Baken eine individuelle Kennung, die in einem weltweit gültigen Verzeichnis aufgenommen ist. Die Daten über Position und Identität werden unmittelbar von der Küsten-Erdfunkstelle an die maritimen Rettungsleitstellen (MRCC) weitergegeben. 406-MHz-Baken haben Abmessungen, die sie für den Einsatz auf Yachten geeignet machen.

1,6-GHz-Notfunkbaken

Satelliten-Notfunkbaken der Frequenz 1,6 GHz gehören zum INMARSAT-E-System. Die Satelliten sind hierbei fest im Orbit installiert. Das System deckt das Seegebiet A3 ab (siehe Seite 103). Im Gegensatz zu den Funkbaken der Frequenz 406 MHz wird die aktuelle Position der Bake mittels des eingebauten oder angeschlossenen GPS festgestellt. Die INMARSAT-Satelliten leiten die Signale an die Küsten-Erdfunkstelle bzw. das MRCC

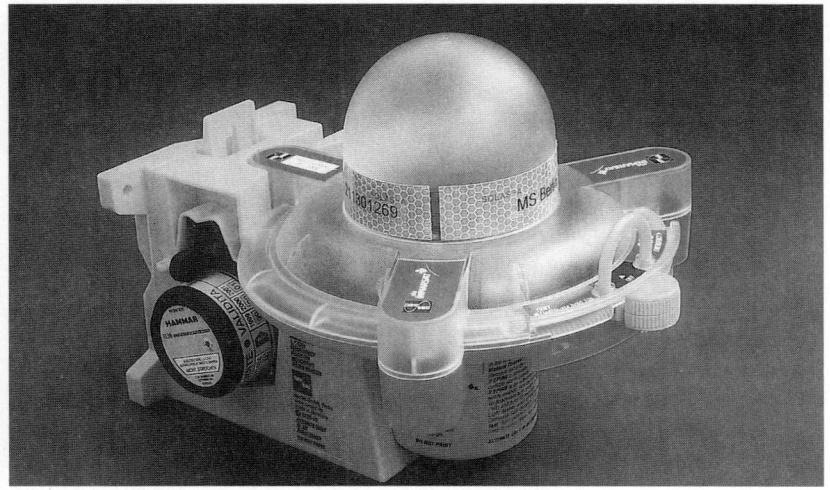

Inmarsat E-EPIRB global-3 von Navtec (HDW-Hagenuk)

weiter. Die Laufzeit von der Alarmierung bis zur Positionsbestimmung beträgt nur wenige Minuten. Aufgrund der Positionsangabe mittels GPS ist auch die Ortungsgenauigkeit größer.

121,5/243-MHz-Notfunkbaken

Die UKW-Frequenz 121,5 MHz dient der zivilen Luftfahrt, die Frequenz 243 MHz der militärischen Luftfahrt als Not- und Anruffrequenz. Im GMDSS wird die Frequenz 121,5 MHz für die Kommunikation in Not- und Dringlichkeitsfällen zwischen Seefunkstelle und Funkstellen des mobilen Flugfunkdienstes sowie für Alarmierungs- und Ortungszwecke im Seenotfall benutzt.

Die über das COSPAS/SARSAT-System agierenden Funkbaken werden andererseits auch zur Alarmierung von Seefunkstellen aus eingesetzt. Im Gegensatz zu den EPIRB auf den Frequenzen 1,6 GHz und 406 MHz strahlen die Notsender auf den Frequenzen 121,5 bzw. 243 MHz keinen Code zur Identifizierung der Funkstelle in Not aus. Deshalb werden die Frequenzen 121,5/243 MHz zumeist als Zweitsender in den 406-MHz-Funkbaken eingesetzt.

Während die Ortungsgenauigkeit der 121,5/243-MHz-Baken über Satellit nur bei ca. 15 – 20 sm liegt, lassen sie sich auch über UKW peilen. Suchflugzeuge beispielsweise können den Notsender peilen und ansteuern. Man spricht in diesem Zusammenhang von *homing*. Somit dient die Homing-Frequenz 121,5 MHz zum Wiederauffinden des Havaristen bzw. der Bake eines anderen Systems im Nahbereich.

Notsender auf den Frequenzen 121,5/243 MHz werden aber auch einzeln eingesetzt. Diese kompakten Geräte haben zum Teil Westentaschenformat.

Aufhebung von Fehlalarm im GMDSS

Sowohl im terrestrischen Seefunkdienst (DSC) als auch im Seefunkdienst über Satelliten wird eine außerordentlich hohe Zahl von Fehlalarmierungen beobachtet. Nicht zuletzt trägt der Skipper die Verantwortung für den sachgemäßen Gebrauch der Funkeinrichtungen an Bord. Man sollte stets bedenken, daß jeder Fehlalarm die Retter vom Einsatz zu einem wirklichen Notfall abhält.

Wird ungewollt ein Fehlalarm ausgesendet, muß er unverzüglich mit allen zur Verfügung stehenden Mitteln aufgehoben werden. Auch ist unmittelbar die Rettungsleitstelle (MRCC) oder die nächste Küstenfunkstelle zu informieren.

Bei der Aufhebung eines Fehlalarms mit dem Anruf „an alle Funkstellen" darf das Dringlichkeitszeichen (PAN PAN) vorangestellt werden. Neben der Position sind Schiffsname, Rufzeichen und MMSI anzugeben. Im Fall eines DSC-Fehlalarms würde man auf UKW-Kanal 16 folgende Meldung aussenden:

PAN PAN   PAN PAN   PAN PAN
ALL STATIONS   ALL STATIONS   ALL STATIONS
this is SCHIFFSNAME/RUFZEICHEN und MMSI
Position
CANCEL MY DISTRESS ALERT OF Datum, Uhrzeit/UTC =
MASTER
Datum, Uhrzeit/UTC

Für den versehentlichen Alarm durch eine EPIRB gilt das gleiche. Sollte die Bake über Bord gegangen sein, muß versucht werden, sie wiederaufzunehmen und umgehend abzuschalten.

11 Betriebsverfahren für DSC

Das Betriebsverfahren im digitalen Selektivruf umfaßt die Alarmierung im Seenotfall, die Ankündigung von Dringlichkeits- und Sicherheitsmeldungen sowie den Anruf an Funkstellen.

Eine Meldung wird in zwei Stufen ausgesendet: Zunächst wird sie im DSC-Verfahren auf Kanal 70 angekündigt und anschließend auf dem entsprechenden Arbeitskanal im Sprechfunkverfahren verbreitet. In der Ankündigung einer Meldung oder eines Gespräches müssen stets Angaben über die Art der weiteren Verbindung (Telefon/Telex) sowie des zu benutzenden Arbeitskanals übermittelt werden.

Das Rufzeichen, die bislang gewohnte Kennung des Schiffes, wird durch die MMSI-Nummer ersetzt oder zumindest ergänzt. Während der Controller die MMSI automatisch ausstrahlt, muß bei der späteren Übermittlung der Meldung im Sprechfunkverfahren die Rufnummer des mobilen Seefunkdienstes mit angegeben werden. Nur so kann eine zweifelsfreie Zuordnung zwischen rufender und gerufener Funkstelle bei DSC-Anrufen und dem nachfolgenden Sprechfunkverkehr erfolgen.

Um das Betriebsverfahren im DSC mit dem des allgemeinen Sprechfunkverfahrens vergleichen zu können, sind im folgenden nochmals die Beispiele für den Not-, Dringlichkeits- und Sicherheitsverkehr von den Seiten 59, 66 und 70 angeführt.

Sprechfunkverfahren im GMDSS

Das Sprechfunkverfahren im GMDSS unterscheidet sich stellenweise deutlich von dem konventionellen Verfahren im NON-GMDSS. Insbesondere beim Notverkehr, bei Dringlichkeits- und Sicherheitsmeldungen wird das deutlich (vereinfachte Alarmierung bzw. Ankündigung mittels DSC-Controller). Obgleich die Internationale Seeschiffahrts-Organisation (IMO) die Fortführung der vorgeschriebenen ununterbrochenen Hörwache auf UKW-

Kanal 16 bis zum 1. Februar 2005 beschlossen hat, brauchen mit DSC ausgerüstete Seefunkstellen nur das vereinfachte bzw. verkürzte Betriebsverfahren anzuwenden. Prüfungsgegenstand beim Erwerb eines Betriebs-
zeugnisses ist auch das Betriebsverfahren für DSC.

Notverkehr (Distress traffic)

Notalarm darf grundsätzlich nur auf Anordnung des Kapitäns oder der für
das Schiff verantwortlichen Person ausgesendet werden. Wann immer
möglich, soll die Notmeldung die letzte bekannte Position sowie die entsprechende Uhrzeit in UTC enthalten. Sofern der DSC-Controller nicht
mit dem Navigationscomputer an Bord verbunden ist, muß die Position
manuell eingegeben werden. Insbesondere bei POB(person over board)-
Meldungen ist die Position von entscheidender Bedeutung.

Aussenden eines DSC-Notalarms

Ein DSC-Notalarm kann unmittelbar durch Betätigen der Alarmeinrichtung
am Controller ausgelöst werden. In diesem Fall wird nur eine DISTRESS-
Meldung ohne zusätzliche Informationen auf dem UKW-DSC-Kanal 70 gesendet. Die eigene MMSI-Rufnummer zur Kennzeichnung des Schiffes
wird automatisch vom Controller übermittelt.
Sofern die Zeit ausreicht, sollte man der Aussendung noch folgende Angaben hinzufügen:
– *Art des Notfalls*
– *die letzte bekannte Position des Fahrzeuges*
– *die Uhrzeit in UTC, für die die Position gilt*
– *die Betriebsart des nachfolgenden Notverkehrs*

Zum Empfang der Bestätigung ist die Sprechfunkanlage auf den UKW-Kanal 16 zu schalten.
Erinnern wir uns an den Notfall der CONTAINER/DB2322. Das Schiff mußte
nach einem Mastbruch und anschließendem Wassereinbruch aufgegeben

werden. Die Mannschaft ging um 1445 UTC in die Rettungsinsel. Am GPS war die Position 54-10N 006-25E abzulesen. Die CONTAINER hat die *MMSI 211123456*. Wir wollen nun mittels DSC einen Alarm auslösen. Am Controller müssen nacheinander folgende Angaben editiert werden:

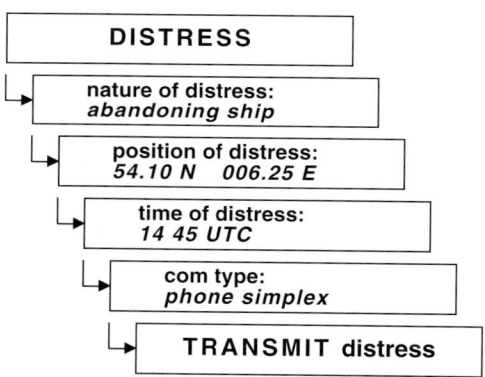

Bestätigen eines DSC-Notalarms

Der Empfang des DSC-Notalarms wird im allgemeinen durch eine Küstenfunkstelle bestätigt und damit die Aussendung beendet. Deshalb sollten Seefunkstellen in Gebieten, in denen eine sichere Verbindung zur Küstenfunkstelle besteht, die Empfangsbestätigung für kurze Zeit zurückstellen. Erfolgt jedoch keine Bestätigung durch die Funkstelle an Land oder bleibt die Bestätigung der SeeFuSt über Kanal 16 erfolglos, sollte die SeeFuSt den Empfang des DSC-Notalarms per DSC bestätigen und zusätzlich versuchen, eine Küstenfunkstelle zu informieren. Grundsätzlich bestätigen SeeFuSt im gewohnten Sprechfunkverfahren auf Kanal 16, jedoch unter Angabe der MMSI. Die zu Hilfe eilende ASNAUTIC/DAAA hat die *MMSI 211654321*.

MAYDAY
MMSI 211123456, 211123456, 211123456
hier ist (this is*)
ASNAUTIC   ASNAUTIC   ASNAUTIC/DAAA
ERHALTEN MAYDAY (received MAYDAY*)

Während für die Funkstelle in Not dreimal die 9stellige Rufnummer genannt wird, wird zur Kennzeichnung des eigenen Schiffes der Schiffsname mit Rufzeichen verwendet.
Ein empfangener Notalarm unterbricht jegliche Betriebsart und wird in kurzer Form auf dem Display des Controllers angezeigt. Zusätzlich ertönt der interne Summer, die Anzeige blinkt, und ein externer Alarm wird ausgelöst. Durch die DSC-Empfangsbestätigung wird beim Havaristen die weitere Aussendung des Notalarms beendet. Andernfalls erfolgt alle drei bis vier Minuten eine automatische Aussendung. Sofern bei anderen Schiffen die Bestätigung eingeht, müssen sie nur auf Kanal 16 schalten.
In der Praxis wird häufig beobachtet, daß anstelle der Empfangsbestätigung im Sprechfunkverfahren ein weiterübermittelter Notalarm (distress relay alert) ausgelöst wird. Dies ist jedoch nur bestimmten Fällen vorbehalten.

Einleitung des Notverkehrs (Notmeldung)

Im Seenotfall der CONTAINER sind durch DSC alle DSC-Funkstellen alarmiert worden. Im Sprechfunkverfahren wird die Notmeldung weiterhin auf UKW-Kanal 16 übermittelt. Im Gegensatz zum NON-GMDSS wird auf den Notanruf verzichtet und die Meldung mit 1 × MAYDAY eingeleitet.
Für den Empfang auf einem nicht mit DSC ausgerüsteten Fahrzeug bedeutet das, daß die Aussendung möglicherweise nicht verfolgt wird (bekanntlich wird MAYDAY im NON-GMDSS im Notanruf dreimal gesprochen, in der Notmeldung einmal).
Die Notmeldung im GMDSS verbreitet auf UKW-Kanal 16:

---

* Nur bei Bestätigung in englischer Sprache

MAYDAY
hier ist
MMSI 211123456
CONTAINER/DB2322
Position 54-10N 006-25E

wir hatten Mastbruch, der Rumpf ist stark beschädigt,
Wasser dringt ein, das Schiff ist nicht mehr zu halten, wir gehen um
1445 UTC mit 4 Personen in die Rettungsinsel, dringend Hilfe erbeten

over

Aussenden einer Notmeldung in englischer Sprache

Für den Bewerber um das UKW-Betriebszeugnis I folgt hier die Aussendung der Notmeldung in englischer Sprache:

MAYDAY
this is
MMSI 211123456
CONTAINER/DB2322
position 54-10N 006-25E
we had a dismasting, the hull is badly damaged,
ship is making water, we are sinking,
abandoning ship at 1445 UTC with 4 persons,
request assistance immediately

over

Die Abwicklung des internationalen Sprechfunkverkehrs erfolgt gemäß den
Radio Regulations. Beachten Sie auch das Merkblatt für die Einleitung des
Notverkehrs im GMDSS auf Seite 145. Zum bereits auf Seite 74 dargestellten Merkblatt (NON-GMDSS) unterscheidet sich die Abwicklung im
GMDSS durch die Nennung der MMSI zur Kennzeichnung der eigenen
Funkstelle.

Aussenden einer Notmeldung durch eine Funkstelle, die sich selbst nicht in Not befindet (weiterübermittelter Notalarm)

Sofern ein Schiff in Not nicht selbst in der Lage ist, den Notalarm per DSC auszusenden, oder die beistehende Funkstelle weitere Hilfe für erforderlich hält, muß sie den DSC-Notalarm weiterübermitteln. Im allgemeinen aber senden die Küstenfunkstellen, nachdem sie den DSC-Notalarm bestätigt haben, die Weiterübermittlung an alle Funkstellen aus. Schiffe, die diesen Alarm empfangen, sollten den Empfang in der genannten Weise (im Sprechfunkverfahren) bestätigen.

Sofern eine SeeFuSt die Weiterübermittlung eines DSC-Notalarms aussendet, erfolgt die DSC-Alarmierung an eine Seenotleitstelle (RCC) oder eine Küstenfunkstelle. Es ist wie folgt zu verfahren:

– *Einstellen des Senders auf den UKW-DSC-Kanal 70*
– *Auswahl des Formats für die Weiterübermittlung eines Notalarms*
– *Anruf an KüFuSt (mit MMSI)*
– *MMSI des Schiffes in Not, falls bekannt*
– *Position des Schiffes in Not, falls bekannt*
– *Uhrzeit, für die die Position gilt, falls bekannt*
– *Betriebsart des nachfolgenden Notverkehrs*
– *Aussenden des weiterübermittelten DSC-Notanrufs*

Nehmen wir an, der Empfang des Notalarms aus dem vorherigen Beispiel sei von keiner Küstenfunkstelle bestätigt worden. Jetzt muß die ASNAUTIC/ MMSI 211654321 die Meldung an die nächste KüFuSt nochmals weiterleiten. Die notwendigen Angaben über den Havaristen, das heißt MMSI, Position mit Uhrzeit und Art des Notfalls, können am Controller aufgerufen werden – siehe rechte Seite oben.

Die Meldung wird als Selektivruf an Elbe-Weser Radio weitergeleitet. Es ist auch möglich, Notalarme für ein See- oder Luftfahrzeug per DSC weiterzuübermitteln, wenn das Fahrzeug in Not nicht selbst senden kann. In diesem Fall würden die Angaben manuell am Controller editiert.

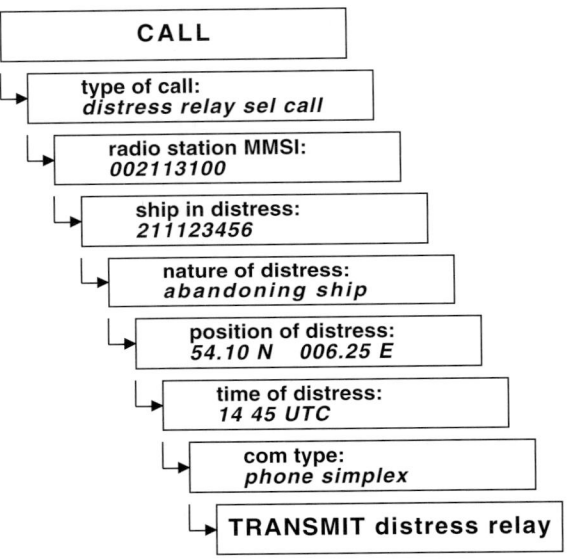

Nach der DSC-Alarmierung an die Küstenfunkstelle schließt sich die Aussendung der ASNAUTIC/DAAA im Sprechfunkverfahren (vorzugsweise UKW-Kanal 16) an:

MAYDAY
hier ist (this is)
MMSI 654321 ASNAUTIC/DAAA

um 1445 UTC auf UKW-Kanal 16 folgendes empfangen:
(at 1445 utc on vhf channel 16 following received)

MMSI 211123456 CONTAINER/DB 2322
Position 54-10N006-25E

wir hatten Mastbruch, der Rumpf ist stark
beschädigt, Wasser dringt ein, das Schiff ist
nicht mehr zu halten, wir gehen um 1445 UTC
mit 4 Personen in die Rettungsinsel,
dringend Hilfe erbeten
hier ist (this is)
ASNAUTIC/DAAA

over

Zur weiteren Aussendung der Meldung in englischer Sprache ist wie auf
Seite 136 zu verfahren.

Dringlichkeitsverkehr

Die grundlegenden Voraussetzungen zur Aussendung einer Dringlichkeitsmeldung sind im Rahmen der Verkehrsabwicklung zum UKW-Sprechfunkzeugnis dargestellt (S. 65 ff.). Wie bereits einleitend zum Betriebsverfahren
auf Seite 132 erwähnt, erfolgt die Aussendung von Dringlichkeitsmeldungen in zwei Stufen. Nach der Ankündigung auf dem DSC-Kanal 70 findet
die weitere Aussendung auf UKW-Kanal 16 bzw. einem Arbeitskanal statt.
Dementsprechend muß in jedem Anruf die Frequenz der weiteren Meldung
angegeben werden. Eine Dringlichkeitsmeldung darf auch an eine bestimmte Funkstelle gesendet werden.

Ankündigen der Dringlichkeitsmeldung

– *Einstellen des Senders auf den UKW-DSC-Notkanal 70*
– *Anruf an alle Funkstellen oder die MMSI einer bestimmten Funkstelle*
– *Kategorie des Anrufs (urgency)*
– *Kanal, auf dem die Dringlichkeitsmeldung ausgesendet wird*
– *Betriebsart, in der die Dringlichkeitsmeldung übermittelt werden soll
(Sprechfunk)*
– *Aussenden des DSC-Dringlichkeitsanrufs*

Wir wollen den Dringlichkeitsfall der YAMARELLA/DGNT/MMSI 211345345 nochmals aufgreifen und mittels DSC die umliegenden Funkstellen alarmieren. Das Schiff treibt manövrierunfähig auf Position 54-06N 008-11E. Der Skipper veranlaßt unmittelbar die Aussendung einer Dringlichkeitsmeldung. Am DSC-Controller wird folgende Ankündigung editiert:

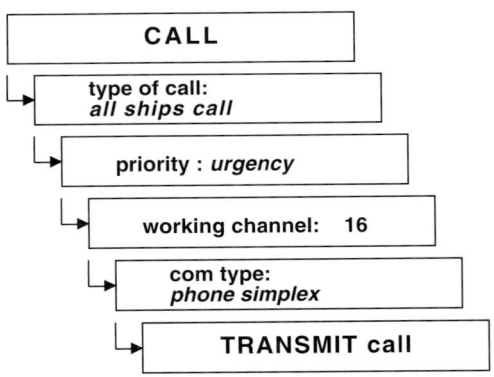

Aussenden der Dringlichkeitsmeldung

Wie in der Ankündigung der Dringlichkeitsmeldung angegeben, muß jetzt die Sprechfunkanlage auf Kanal 16 eingestellt werden:

PAN PAN   PAN PAN   PAN PAN
AN ALLE FUNKSTELLEN   AN ALLE FUNKSTELLEN   AN ALLE FUNK-
STELLEN
hier ist
MMSI 211345345 YAMARELLA/DGNT
Position 54-06N 008-11E
Ruderbruch – Schiff ist manövrierunfähig
erbitten dringend Schlepperhilfe
over

Aussenden der Dringlichkeitsmeldung in englischer Sprache

Für den Bewerber um das UKW-Betriebszeugnis I folgt hier die Aussendung der Dringlichkeitsmeldung in englischer Sprache:

PAN PAN   PAN PAN   PAN PAN
ALL STATIONS   ALL STATIONS   ALL STATIONS
this is
MMSI 211345345 YAMARELLA/DGNT
position 54-06N 008-11E
rudderbreak – ship is not under command
request urgently tug assistance
over

Empfang einer Dringlichkeitsmeldung

Schiffe, die einen DSC-Dringlichkeitsanruf empfangen, der eine Dringlichkeitsmeldung an alle Funkstellen ankündigt, dürfen den DSC-Anruf nicht bestätigen. Sie müssen jedoch auf den im Anruf angegebenen UKW-Kanal schalten und die nachfolgende Dringlichkeitsmeldung abhören.

Sicherheitsverkehr

Im GMDSS wird eine über DSC angekündigte *Sicherheitsmeldung* normalerweise auf UKW-Kanal 16 ausgesendet. Bei der Aussendung auf einem Arbeitskanal *(working channel)* wie Schiff-Schiff-Kanal 06 sollte die Meldung zuvor nochmals auf Kanal 16 angekündigt werden. Nur so wird sichergestellt, daß auch die nicht mit DSC ausgerüsteten Fahrzeuge die Aussendung auf Kanal 06 verfolgen können.

Ankündigen der Sicherheitsmeldung

– *Einstellen des Senders auf den UKW-DSC-Kanal 70*
– *Auswahl des gewünschten Anrufformats*
– *Besonderes Seegebiet oder 9stellige Rufnummer einer bestimmten Funkstelle*
– *Kategorie des Anrufs (safety)*
– *Kanal, auf dem die Sicherheitsmeldung ausgesendet wird*
– *Betriebsart, in der die Sicherheitsmeldung übermittelt werden soll (Sprechfunk)*
– *Aussenden des DSC-Sicherheitsanrufs*

Am Beispiel der Beobachtungen auf dem Fährschiff KARL CARSTENS/ DBFZ/MMSI 211543543 von Seite 70 soll mittels DSC eine Sicherheitsmeldung angekündigt werden:
Der diensthabende Offizier sieht von der Brücke aus einen größeren Container im Wasser treiben. Das Schiff befindet sich um 0930 UTC auf dem Fehmarnbelt nahe der Tonne KO-7. Der Anruf erfolgt an alle Funkstellen:

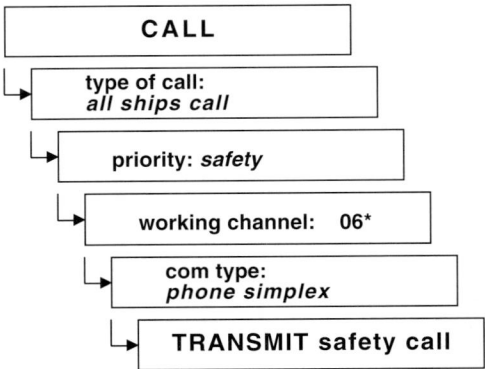

CALL

type of call:
all ships call

priority: *safety*

working channel: 06*

com type:
phone simplex

TRANSMIT safety call

---

* Sofern im GMDSS ausschließlich über DSC (Kanal 70) alarmiert wird, Kanal 16 angeben.

Aussenden der Sicherheitsmeldung

Wie in der Ankündigung der Sicherheitsmeldung genannt, muß jetzt die Sprechfunkanlage auf Kanal 06 eingestellt werden.

SECURITE   SECURITE   SECURITE
AN ALLE FUNKSTELLEN   AN ALLE FUNKSTELLEN   AN ALLE FUNK-STELLEN
hier ist
MMSI 211543543 KARL CARSTENS/DBFZ
Position Fehmarnbelt, Nähe Tonne KO-7
um 0930 UTC treibenden Container gesichtet, Farbe Rot
die Schiffahrt wird gewarnt
ich bin empfangsbereit auf Kanal 16
over

Aussenden der Sicherheitsmeldung in englischer Sprache

Für den Bewerber um das UKW-Betriebszeugnis I folgt hier die Aussendung der Sicherheitsmeldung in englischer Sprache:

SECURITE   SECURITE   SECURITE
ALL STATIONS   ALL STATIONS   ALL STATIONS
this is
MMSI 211543543 KARL CARSTENS/DBFZ
position fehmarn belt, in vicinity of buoy KO-7
at 0930 UTC sighted drifting container, red colour
shipping will be warned
I am standby on vhf channel 16
over

Empfang einer Sicherheitsmeldung

Schiffe, die einen DSC-Sicherheitsanruf empfangen, der eine Sicherheitsmeldung an alle Funkstellen ankündigt, dürfen den DSC-Anruf nicht bestätigen. Sie müssen jedoch auf den im Anruf angegebenen UKW-Kanal
schalten und die nachfolgende Sicherheitsmeldung abhören.

Beispiele zum Notverkehr im GMDSS

Auf den folgenden Seiten sind Beispiele zum Notverkehr im GMDSS ab-
gedruckt:
- Einleitung des Notverkehrs (Notmeldung)
- Bestätigung des Empfangs eines Notalarms
- Funkstille gebieten
- Beenden des Notverkehrs
- Aussenden einer Notmeldung durch eine Funkstelle, die sich selbst nicht
  in Not befindet

NOTVERKEHR

Einleitung des Notverkehrs
(Notmeldung)

MAYDAY (einmal gesprochen)

This is (Hier ist) oder DE (bei Sprachschwierigkeiten)

_____

_____

MMSI (einmal gesprochen) **und Schiffsname / Rufzeichen** oder
andere Kennzeichnungen des eigenen Schiffes (einmal gesprochen)

Position ⇒_____

Art des Notfalls⇒_____

**Art der
erbetenen Hilfe**⇒_____

**ggf. Angaben, die
die Hilfeleistung
erleichtern
können** ⇒_____

OVER

Bestätigung des Empfangs eines Notalarms

MAYDAY (einmal gesprochen)

MMSI oder wenn bereits bekannt, das Rufzeichen bzw. eine andere Angabe zur Kennzeichnung des Schiffes in Not (dreimal gesprochen)

This is (Hier ist) oder DE (bei Sprachschwierigkeiten)

Schiffsname (dreimal gesprochen) **und Rufzeichen** (einmal gesprochen) der eigenen Seefunkstelle

Received (Erhalten) MAYDAY

oder bei Sprachschwierigkeiten ROMEO ROMEO ROMEO MAYDAY

Funkstille gebieten
durch die Seenotleitstelle <u>oder</u> die Funkstelle, die die Suche
und Rettung koordiniert, <u>oder</u> die Küstenfunkstelle, die an
dem Notverkehr beteiligt ist.

An alle Funkstellen

All Stations (An alle Funkstellen) <u>oder</u> CQ (bei Sprachschwierigkeiten) (einmal gesprochen)

SILENCE MAYDAY

An eine bestimmte Funkstelle

⇒ _____

Name der störenden Seefunkstelle (einmal gesprochen)

SILENCE MAYDAY

Beenden des Notverkehrs
durch die Seenotleitstelle <u>oder</u> eine von ihr beauftragte Funkstelle

MAYDAY (einmal gesprochen)

All Stations (An alle Funkstellen) <u>oder</u> CQ bei Sprachschwierigkeiten (dreimal gesprochen)

This is (Hier ist) oder DE (bei Sprachschwierigkeiten)

_____

_____

Rufzeichen <u>oder</u> Name <u>oder</u> eine andere Kennung der Station, die diese Meldung sendet (einmal gesprochen)

Aufgabezeit (Beendigungszeit des Notverkehrs in UTC**)** _____

_____

Name <u>und</u> Rufzeichen der Funkstelle, die sich in Not befand

SILENCE FINI

Aussenden einer Notmeldung durch eine Funkstelle, die sich selbst nicht in Not befindet

Im terrestrischen Seefunkdienst soll die entsprechende DSC-Alarmierung (Distress relay) grundsätzlich an eine Seenotleitstelle oder eine Küstenfunkstelle erfolgen. Die sich anschließende Notmeldung beinhaltet folgendes:

MAYDAY (einmal gesprochen)

This is (Hier ist) oder DE (bei Sprachschwierigkeiten)

_____

MMSI und Schiffsname / Rufzeichen oder andere Kennzeichnungen des eigenen Schiffes (einmal gesprochen)

At (um) _____ UTC on (auf) _____ **(Kanalangabe / Frequenzangabe) following received (folgendes empfangen)**

(Unveränderter Text der empfangenen Notmeldung bzw. Beschreibung der Beobachtung)

⇒ _____

oder

My position (Meine Position ist) _____

Following observed (Folgendes beobachtet)

⇒ _____

This is (Hier ist) oder DE (bei Sprachschwierigkeiten)

_____

Schiffsname / Rufzeichen der eigenen Seefunkstelle (einmal gesprochen)

OVER

Öffentlicher Verkehr

Bislang haben Sie im DSC-Betriebsverfahren verschiedene Anrufe für den Not-, Dringlichkeits- oder Sicherheitsfall durchgeführt. Bei Anrufen für den *Öffentlichen Verkehr* wird lediglich die Priorität geändert. Mit einem *Routine-Anruf* können Sie sowohl See- als auch Küstenfunkstellen rufen. Auch hier gilt der Grundsatz, daß nur der DSC-Anruf auf UKW-Kanal 70 erfolgt. Das Gespräch selbst wird auf dem vereinbarten Arbeitskanal im Sprechfunkverfahren geführt.

Aussenden eines DSC-Anrufs an eine KüFuSt oder SeeFuSt

Gemäß den Dienstbehelfen zum DSC-Betriebsverfahren für das Aussenden eines Anrufs an eine KüFuSt bzw. SeeFuSt ist folgender Ablauf festgelegt:
- *Einstellen des Senders auf den UKW-DSC-Kanal 70*
- *Auswahl des Formats für einen DSC-Anruf an eine bestimmte Funkstelle*
- *Eingabe der 9stelligen Rufnummer der gerufenen Funkstelle*
- *Kategorie des Anrufs (routine)*
- *Betriebsart des nachfolgenden Verkehrs (Sprechfunk)*
- *Bei Anrufen an Schiffe Arbeitskanal vorschlagen; bei Anrufen an eine KüFuSt soll der Anruf keinen Vorschlag enthalten*
- *Aussenden des DSC-Anrufs*

Der Anruf an eine Küstenfunkstelle sollte aus dem Grunde keinen Vorschlag für einen Arbeitskanal enthalten, weil dieser in der Empfangsbestätigung der KüFuSt vorgegeben wird. Die MMSI-Rufnummern der deutschen KüFuSt sind Seite 46 zu entnehmen. Sollte bei Anrufen an eine Seefunkstelle die MMSI nicht bekannt sein, könnte man die gewünschte Verbindung mittels eines Gebietsrufes *(area call)* herstellen.

Unterwegs nahe der Ostfriesischen Inseln wird an Bord der Segelyacht RUBIN/MMSI 211654654 eine Gesprächsverbindung nach Hamburg gewünscht. Die Gesprächsanmeldung erfolgt über die KüFuSt Elbe-Weser Radio. Seite 46 ist die DSC-Rufnummer 002113100 zu entnehmen. Am DSC-Controller wird folgender Anruf editiert:

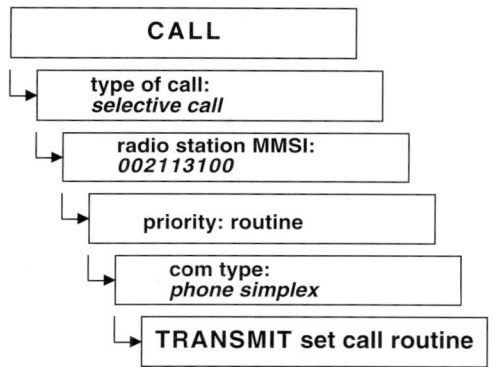

In der Empfangsbestätigung von Elbe-Weser Radio würde nun der weitere Arbeitskanal vorgegeben. Das Gespräch nach Hamburg wird wie gewohnt von Hand vermittelt. Mit den meisten Geräten sind aber auch Verbindungen im Direktwählverfahren möglich. Sofern die KüFuSt diesen Dienst anbieten, kann unmittelbar beim Editieren des Anrufs die gewünschte Rufnummer miteingegeben werden. Diese Anrufe werden *dialphone call* genannt.

Wiederholen eines Anrufs

Ein DSC-Anruf für den Öffentlichen Verkehr darf auf dem UKW-DSC-Kanal 70 nur wiederholt werden, wenn innerhalb von 5 Minuten keine Empfangsbestätigung eingegangen ist. Unterbleibt die Empfangsbestätigung auch dann, darf erst nach 15 Minuten ein erneuter Anruf unternommen werden.

Bestätigen eines empfangenen DSC-Anrufs

Der von einer Küstenfunkstelle oder von einem anderen Schiff empfangene DSC-Anruf wird wie folgt bestätigt:

– *Einstellen des Senders auf den UKW-DSC-Kanal 70*
– *Auswahl des Formats für die Empfangsbestätigung*
– *Aussenden der Empfangsbestätigung mit der Angabe, ob das Schiff den im Anruf enthaltenen Vorschlägen (Betriebsart/Arbeitskanal) zustimmt*
– *Im Falle der Zustimmung den angegebenen Arbeitskanal einstellen und die Verkehrsabwicklung vorbereiten*

Am DSC-Controller der Yacht SHANTY/MMSI 211576879 wird folgende Meldung empfangen:

```
RX : 211978675    ch : 72
selcall   routine   phone
```

Der Rufnummer kann man entnehmen, daß es sich um eine deutsche SeeFuSt handelt.
Im Display erscheinen die Angabe *routine* für die Kategorie sowie der Arbeitskanal 72 für das weitere Gespräch. Ist die Funkstelle mit den im Anruf enthaltenen Angaben einverstanden, braucht sie dies nur zu bestätigen. Ergeben sich Änderungen, z. B. bezüglich des Arbeitskanals, muß die Empfangsbestätigung erneut editiert werden. Im Fall der SHANTY wird die empfangene Meldung jedoch bestätigt:

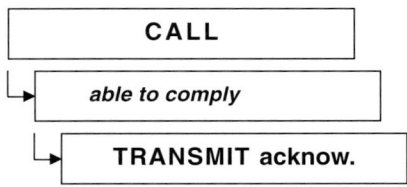

Wenn im empfangenen Ruf kein Sprechfunkkanal angegeben ist, muß der

Empfänger seinerseits einen Kanal eingeben, bevor er die Bestätigung aussendet. Sollte es augenblicklich nicht möglich sein, die angeforderte Bestätigung abzugeben, würde am Controller *„unable to comply"* editiert.

Überprüfen der Anlage

Auf UKW-Kanal 70 dürfen keine Testanrufe ausgesendet werden. Sofern erforderlich, kann die UKW-DSC-Anlage durch DSC-Anrufe für den Öffentlichen Verkehr überprüft werden. Solche Anrufe werden von der Seefunkstelle ausgesendet und von der gerufenen Küstenfunkstelle bestätigt. Anschließend erfolgt im allgemeinen keine weitere Verkehrsabwicklung. Das Format für den Testanruf wird der Bedienungsanleitung entnommen.

12 Meldungen

Bei der Prüfung sowohl zum UKW-Sprechfunkzeugnis als auch zum UKW-Betriebszeugnis müssen Sie eine Meldung aufnehmen bzw. zusprechen. Sofern Sie das Betriebszeugnis II oder das UKW-Sprechfunkzeugnis anstreben, sind die Anforderungen identisch. Bewerber um das UKW-Betriebszeugnis I müssen die Meldungen zusätzlich in die englische Sprache übersetzen.

Die praktische Bedeutung der Meldungen liegt in der Übermittlung von Nachrichten an andere, möglicherweise auch fremdsprachige Funkstellen. Insbesondere müssen Not-, Dringlichkeits- und Sicherheitsmeldungen allgemeinverständlich und zweifelsfrei übermittelt werden. Dabei sind alle relevanten Angaben der jeweiligen Meldung zu wiederholen und zu buchstabieren.

Die Übungen dienen auch zum Verständnis von NAVTEX-Meldungen.

Hinweise zur Aufnahme und Abgabe von Texten

Grundsätzlich ist bei der Abgabe von Meldungen *langsam und deutlich zu sprechen*. Wörter sollen nur dann abgekürzt werden, wenn dies tatsächlich gefordert ist. Bei der Übermittlung sind zusätzlich bestimmte Redewendungen zu beachten:

„...*ich wiederhole*...“	(„...*I repeat*...“)
„...*ich buchstabiere*...“	(„...*I spell*...“)
„...*abgekürzt*...“	(„...*short form*...“)
„...*ich korrigiere*...“	(„...*correction*...“)
„...*in Ziffern*...“	(„...*in figure*...“)
„...*nächstes Wort*...“	(„...*next word*...“)
„...*Ende der Meldung*...“	(„...*end of message*...“)

Um eine Vorstellung von der Form der Übermittlung zu bekommen, sind nachfolgend die wesentlichen Bestandteile eines Textes kurz erläutert:

○ *Eigennamen und Ortsnamen*
Namen sind grundsätzlich zu buchstabieren. Dabei wird der Name zunächst im Zusammenhang übermittelt und anschließend unter Anwendung der Buchstabiertafel wiederholt.

○ *Schiffsnamen und Rufzeichen*
Schiffsnamen sind wie alle anderen Namen zu buchstabieren. Der Schrägstrich zwischen Schiffsname und Rufzeichen wird nicht übermittelt. Man übermittelt: „...*rufzeichen...*" oder „...*es folgt das rufzeichen...*". Man könnte Schiffsname und Rufzeichen auch hintereinander buchstabieren.

○ *Datum und Uhrzeiten*
Beim Datum werden nur der Tag und der Monat angegeben. So würde z. B. der 12. April durch den Wortlaut „...*am zwölften april...*" übermittelt. Uhrzeiten können wie kurze Zahlengruppen zusammenhängend durchgegeben werden. 1830 UTC würde „...*18 uhr 30 utc...*" gesprochen. Man könnte aber auch „...*in ziffern eins acht drei null utc...*" übermitteln. International werden Zeitangaben (Tag – Zeit – Gruppe, date – time – group) wie folgt geschrieben bzw. übermittelt: „...121830 UTC Apr 00..."

○ *Position*
Bei Positionsangaben werden die Ziffern einzeln übermittelt, die Breitengrade zweistellig, die Längengrade dreistellig. 57-06N 007-40E also folgendermaßen: „...*position fünf sieben grad null sechs minuten nord, null null sieben grad vier null minuten ost...*" Bei Dezimalstellen hinter dem Komma ist das Wort „*Punkt*" bzw. „*point*" zu sprechen.

155

○ **Buchstaben- und Zifferngruppen**
Buchstaben und Zifferngruppen, z. B. für die Kennzeichnung von Tonnen, sind zu buchstabieren. Der Text „...Tonne HDW 27..." würde wie folgt übermittelt: „*...tonne... ich buchstabiere... hotel delta whiskey... in ziffern zwo sieben...*"

○ **Satzzeichen**
Satzzeichen werden nicht übermittelt. Die einzelnen Abschnitte des Textes werden durch die Übermittlung von „*stop*" voneinander getrennt.

○ **Ende der Meldung**
Das Ende des Textes wird durch das Zeichen „+" gekennzeichnet. Man spricht auch vom „*...ende der meldung...*" bzw. „*...end of message...*". Bei der Aufnahme eines Textes sollte das Kreuz nicht vergessen werden.

Die Ankündigung von Buchstaben-, gemischten Gruppen usw., wie man sie noch vom Telegramm her kennt, ist bei Meldungen nicht vorgesehen. Begriffe wie „Seemeilen" oder „Knoten" können abgekürzt werden: „sm" bzw. „nm" oder „kn".

Meldungen in deutscher Sprache

Für die Abgabe bzw. Aufnahme der Meldungen haben Sie jeweils 5 Minuten Zeit. Die nachfolgenden Meldungen sind beispielhaft für Aufgaben, wie sie in der Prüfung vorkommen können.

○ **Notmeldungen**

freyburg/dacw
auf position 13 seemeilen östlich grömitz stop kollision mit tanker böhlen/dilx stop schiff sinkt stop benötigen hilfe +

nautilus/dnca
auf position 46-12 n 027-45 w stop haben feuer im schiff stop schiff droht zu sinken stop wir gehen mit 6 mann in die rettungsinsel stop sofortige hilfe erbeten +

esbjerg/c6at8
auf position 56-25 n 027-19 w stop schiff rammte kleinen eisberg stop wassereinbruch in allen laderäumen stop wir sinken und benötigen hilfe +

mv cumulus/dnvi
auf position 1 sm nördlich tonne db2 stop mit unbekanntem schiff kollidiert stop starke schlagseite stop erbitten schlepperhilfe +

mayday relay rügen radio
empfangen 22. um 1655 utc auf kanal 16 stop mayday rubin/demy position 6,8 seemeilen nördlich vom leuchtturm arkona stop feuer an bord und gefährliche ladung im laderaum 4 stop benötigen hilfe +

○ Dringlichkeitsmeldungen

cargo express/gart
auf position 18 sm westsüdwestlich von finisterre stop kurs 350 grad geschwindigkeit 14 knoten stop explosion im laderaum nummer 2 stop benötigen ärztliche hilfe für eine schwerverletzte person +

bremen/dafh
habe epirb-signale auf 121,5 und 243 mhz um 1719 utc auf position 48-15 n 009-21 w empfangen stop schiffe in diesem gebiet werden gebeten, scharf ausguck zu halten und ihre eigenen seenotfunkbaken zu überprüfen +

jojo/db4217
auf position 6 seemeilen südwestlich hockhead stop maschine nach explosion außer betrieb stop treiben mit einer geschwindigkeit von drei knoten auf die hockhead-felsen zu stop benötigen schlepperhilfe +

lyngby radio
am 16. juli um 0600 uhr ortszeit verließ das segelboot marina mit 2 personen an bord klintholm mit bestimmungshafen bornholm und ist noch nicht
angekommen stop die schiffahrt wird gebeten, scharf ausschau zu halten
und an lyngby radio zu berichten +

○ **Sicherheitsmeldungen**

bluebird/dajy
auf position 4 seemeilen nordwestlich von cap finisterre stop treibenden
gelb angestrichenen container mit aufschrift texascon gesichtet stop ge-
fährlich für die schiffahrt +

essostar/a8n7
kiel-ostsee-weg stop leuchtglockentonne kr 17 wurde gerammt stop 3 sm
östlich vertrieben stop feuer verlöscht stop die schiffahrt in diesem gebiet
wird gebeten, vorsichtig zu fahren +

windmolen/pijn
humber-elbe-weg stop um 0845 utc in ungefährer position 53-25 n 005-
28 e fast unter wasser treibende glockentonne beobachtet +

ss store björn/5pa1
straße von dover stop 51-29.2 n 002-18.0 e stop leuchttonne garden city ist
vertrieben stop schiffe in diesem Gebiet werden gebeten, vorsichtig zu
fahren +

cuxhaven radio
seegebiet deutsche bucht stop starke nördliche winde zunehmend sturm
stärke 8 bis 9 stop später rückdrehend stop gegen abend langsam nachlassend stop schlechte sicht +

Meldungen in englischer Sprache

Das UKW-Betriebszeugnis I gilt weltweit. Die Meldungen sind also in englischer Sprache abzugeben. Für die Übersetzung ins Englische und für die Abgabe der Meldung stehen Ihnen 10 Minuten zur Verfügung. Für die Aufnahme und Übersetzung eines englischen Textes ohne Hilfsmittel haben Sie 15 Minuten Zeit.
Hier die Meldungen von Seite 144 ff. in englischer Sprache:

○ **Distress messages**

freyburg/dacw
in position 13 nautical miles east from groemitz stop in collision with tanker boehlen/dilx stop ship is sinking stop require assistance +

nautilus/dnca
in position 46-12 n 027-45 w stop ship is on fire stop danger of sinking stop abandoning ship with 6 persons stop request assistance immediately +

esbjerg/c6at8
in position 56-25 n 027-19 w stop vessel struck growler stop ship is making water in all holds stop we are sinking and require assistance +

mv cumulus/dnvi
in position 1 nm north from buoy db2 stop in collision with unknown vessel stop heavy list stop request tug assistance +

mayday relay ruegen radio
received at 221655 utc on vhf channel 16 stop mayday rubin/demy position 6.8 nautical miles north of arkona lighthouse stop ship on fire and dangerous cargo in hold number 4 stop require assistance +

○ Urgency messages

cargo express/gart
in position 18 nm westsouthwest from finisterre stop course 350 degrees speed 14 knots stop explosion in hold number 2 stop require medical assistance for one seriously injured person +

bremen/dafh
received signals of epirb on 121,5 and 243 mhz at 1719 utc in position 48-15 n 009-21 w stop vessels in this area are requested to keep a sharp lookout and check their own emergency radio beacons +

jojo/db4217
in position 6 nautical miles southwest of hockhead stop after explosion engine out of order stop drifting with speed of 3 knots towards hockhead rocks stop require tug assistance +

lyngby radio
on 16th of july at 0600 local time the sailing boat marina with 2 persons on board left klintholm bound for bornholm and has not yet arrived stop shipping is requested to keep sharp lookout and report to lyngby radio +

○ Safety messages

bluebird/dajy
in position 4 nautical miles northwest from cap finisterre stop sighted drifting yellow painted container marked texascon stop dangerous to navigation +

essostar/a8n7
kiel-baltic route stop light bell buoy kr 17 was struck stop drifted 3 nm east stop fire unlit stop shipping in this area is requested to navigate carefully +

windmolen/pijn
humber elbe route stop at 0845 utc in approximate position 53-25 n 005-28 e observed nearly submerged drifting bell buoy +

ss store björn/5pa1
dover strait stop 51-29.2 n 002-18.0 e stop lightbuoy garden city is off station stop vessels in this area are requested to navigate carefully +

cuxhaven radio
sea area German bight stop strong northerly winds increasing gale force 8 to 9 stop backing later stop slowly moderating at evening stop poor visibility +

Anhang

Internationale Buchstabiertafel

Die Buchstabiertafel ist nicht nur ein wesentlicher Bestandteil der Prüfung, auch für die Praxis ist sie unerläßlich. Im Sprechfunkverkehr muß stets langsam und deutlich gesprochen werden. Wörter, über deren Schreibweise Zweifel bestehen können, sind erst zusammenhängend und dann nach der Buchstabiertafel zu übermitteln. Die Buchstaben Ä, Ö und Ü werden geschrieben und buchstabiert mit AE, OE und UE.

Buchstabe / Schlüsselwort / Aussprache*

A	Alfa	**AL** FAH	**N**	November	NO **WEMM** BER
B	Bravo	**BRA** WO	**O**	Oscar	**OSS** KAR
C	Charlie	**TSCHAH** LI	**P**	Papa	PA **PAH**
D	Delta	**DEL** TAH	**Q**	Quebec	**KI** BECK
E	Echo	**ECK** O	**R**	Romeo	**RO** MIO
F	Foxtrot	**FOX** TROTT	**S**	Sierra	SSI **ER** RAH
G	Golf	GOLF	**T**	Tango	**TANG** GO
H	Hotel	HO **TELL**	**U**	Uniform	**JU** NI FORM
I	India	**IN** DI AH	**V**	Victor	**WICK** TAR
J	Juliett	**JUH** LI **ETT**	**W**	Whiskey	**WISS** KI
K	Kilo	**KI** LO	**X**	X-ray	**EX** REH
L	Lima	**LI** MAH	**Y**	Yankee	**JENG** KI
M	Mike	MEIK	**Z**	Zoulou	**SUH** LUH

* Die zu betonenden Silben sind fett gedruckt.

Vokabeln und Redewendungen

Die folgenden Vokabeln und Redewendungen in Englisch – Deutsch und Deutsch – Englisch sind nicht allein für den Bewerber um das UKW-Betriebszeugnis I gedacht. Auch die Bedienung des DSC-Controllers erfordert die Kenntnis einiger englischer Fachbegriffe. Und die Auswertung einer NAVTEX-Meldung setzt ebenfalls die Kenntnis englischer Fachbegriffe voraus.

Weitere spezifische Vokabeln und Redewendungen findet man im „Seefahrtstandardvokabular", herausgegeben vom BSH, und im „Yacht-Wörterbuch Englisch–Deutsch/Deutsch–Englisch", Delius Klasing Verlag.

Englisch – Deutsch

abandoning ship...
  das Schiff verlassen...
  (im Notfall)
abeam of   querab von
acknowledgement   Bestätigung
ahead   voraus (Richtung)
aircraft   Flugzeug
alert, alarm   Alarm
all ships call
  Anruf an alle Funkstellen
anchor chain   Ankerkette
anticyclone   Hoch (meteor.)
the anchor chain is parted...
  die Ankerkette ist gerissen...
approach   Ansteuerung
approximate   ungefähr
area call   Gebietsruf
arrival   Ankunft
assistance   Unterstützung,
  Hilfeleistung

to back
  rückdrehen (des Windes)
badly damaged...
  schwer beschädigt...
Baltic Sea   Ostsee
bearing   Peilung
bound for   mit Bestimmungshafen
buoy   Boje, Tonne

cable   Kabel
call   Ruf
call sign   Rufzeichen
to cancel   widerrufen
to capsize   kentern
channel   Kanal (Seefunk)
coast guard   Küstenwache
communication   Übertragung
able to comply...
  Folge leisten...
correction   Berichtigung

course Kurs
to cover abdecken
crewmember Crewmitglied
cyclone Tief, Sturmtief

damage Havarie
to damage beschädigen
danger of capsizing...
 Gefahr des Kenterns...
decrease abnehmen,
 abschwächen (meteor.)
degree Grad
depression Tiefdruckgebiet
to detect erkennen
dialphone call
 Direktwahlverfahren (Seefunk)
disabled and adrift...
 behindert und treibend...
dismasting Mastbruch
distress Seenot
draught Tiefgang
drift Abdrift
drifting towards treiben auf
to drift treiben, versetzen
drizzle Sprühregen
duration Zeitdauer
 (Gesprächsdauer)

engine room Maschinenraum
engine trouble Maschinenschaden
to enter eingeben
equipment Ausrüstung
to establish herstellen

estimated voraussichtlich
estuary Flußmündung
estuary, approach Ansteuerung
extinguished light...
 erloschenes Feuer...

fair tide Mittstrom
flare Leuchtsignal
flooding Überflutung
fog Nebel
foul tide Gegenstrom
fresh breeze frische Brise
 (Bft 5)

gale stürmischer Wind (Bft 8)
gale warning Sturmwarnung
gentle breeze schwache Brise
 (Bft 3)
German Bight Deutsche Bucht
grounding auflaufen
 (unfreiwillig)
growler kleiner, treibender
 Eisberg
gust Bö, Windstoß

hatch Luke
heavy list schwere Schlagseite
high pressure area Hochdruckgebiet
hold Laderaum
hull Rumpf

to interrupt unterbrechen
increasing zunehmend
 (meteor.)

164

to keep clear   ausweichen
lane   Schiffahrtsweg
lifeboat   Rettungsboot
life jacket   Rettungsweste
lightbellbuoy   Leuchtglockentonne
light breeze   leichte Brise
(Bft 2)
lighthouse   Leuchtturm
light vessel   Feuerschiff
local time   Ortszeit
to keep sharp lookout...   scharf
Ausguck halten...

manual tune   Handbedienung
medical aid   ärztliche Hilfe
message   Mitteilung, Nachricht
moderating   nachlassend (Wind)

nature of distress   Art der Notmeldung
navigational warnings   nautische Warnnachrichten
next   nächste(r) (zeitlich)
not under command   manövrierunfähig

to observe   beobachten
oil rig   Bohrinsel
out of order   außer Betrieb
overdue   überfällig

partly submerged...
teilweise getaucht...
phone   Telefon
poor visibility   schlechte Sicht
port   Backbord

radar beacon   Radarbake
radio communication   Funksprechdienst
radio station   Küstenfunkstelle
range   Reichweite
to receive   empfangen
to recover by helicopter...
durch Hubschrauber bergen...
to request   ersuchen, bitten
to require   benötigen
rescue vessel   Seenotkreuzer
to reset   neu setzen
risk of explosion...   Gefahr
einer Explosion...
rocket   Rakete
rudder break   Ruderbruch

safety   Sicherheit
safety boat   Rettungsboot
to salvage   bergen
to select   auswählen
selective call   Selektivruf
seriously injured   schwer verletzt
the ship is making water...
das Schiff macht Wasser...
(ist leck...)
shipping will be warned...
die Schiffahrt wird gewarnt...

ship station Seefunkstelle
to sink sinken
speed Geschwindigkeit
starboard Steuerbord
strait Sund (Meerenge)
to strike fahren gegen...
strong stark
strong breeze starker Wind
(Bft 6)
strong gale Sturm (Bft 9)
suffering a damage... eine
Havarie erleiden...
synopsis Wetterlage

temporarily zeitweise
to tow schleppen, ziehen
towage service Schlepphilfe
traffic separation scheme
Verkehrstrennungsgebiet
to transmit übertragen
true rechtweisend
true bearing rechtweisende
Peilung

tug Schlepper
twin-engine zweimotorig
type of call Art des Anrufes

undesignated unbestimmt
urgency Dringlichkeit

to veer rechtdrehen
(des Windes)
vessel Fahrzeug, Schiff, Boot
vicinity Nachbarschaft
(in der Nähe)

weather forecast
Wettervorhersage
weather report Wetterbericht
whip antenna Peitschenantenne
whistle buoy Heultonne
wide berth weiträumig umfahren
working channel Arbeitskanal
(Seefunk)
wreck Wrack, Strandgut

Deutsch – Englisch

abdecken to cover
abnehmen, abschwächen
(meteor.) decrease
ärztliche Hilfe medical aid
Alarm alert, alarm
Ankerkette anchor chain
Ankunft arrival
Anruf an alle Funkstellen
all ships call
Ansteuerung estuary, approach
Arbeitskanal (Seefunk) working
channel
Art des Anrufes type of call
Art der Notmeldung nature of
distress
auflaufen (unfreiwillig)
grounding
Ausrüstung equipment
außer Betrieb out of order
auswählen to select
ausweichen to keep clear

behindert und treibend...
disabled and adrift...
benötigen to require
beobachten to observe
bergen to salvage
Berichtigung correction
beschädigen to damage
Bestätigung acknowledgement
(mit) Bestimmungshafen
bound for

Bohrinsel oil rig
Boje, Tonne buoy
Bö, Windstoß gust

Crewmitglied crewmember

Deutsche Bucht German Bight
die Ankerkette ist gerissen...
the anchor chain is parted...
Direktwahlverfahren (Seefunk)
dialphone call
Dringlichkeit urgency

eine Havarie erleiden...
suffering a damage...
eingeben to enter
empfangen to receive
erkennen to detect
erloschenes Feuer ...
extinguished light...
ersuchen, bitten to request

fahren gegen... to strike ...
Fahrzeug, Schiff, Boot vessel
Feuerschiff light vessel
Flugzeug aircraft
Flußmündung estuary
Folge leisten... able to comply...
frische Brise (Bft 5) fresh breeze
Funksprechdienst
radio communication

167

Gebietsruf   area call
Gefahr des Kenterns...
   danger of capsizing...
Gefahr einer Explosion...
   risk of explosion...
Gegenstrom   foul tide
Geschwindigkeit   speed
Grad   degree

Handbedienung   manual tune
Havarie   damage
herstellen   to establish
Heultonne   whistle buoy
Hoch (meteor.)   anticyclone
Hochdruckgebiet
   high pressure area
durch Hubschrauber bergen...
   to recover by helicopter...

Kabel   cable
Kanal (Seefunk)   channel
kentern   to capsize
kleiner, treibender Eisberg
   growler
Küstenfunkstelle   radio station
Küstenwache   coast guard
Kurs   course

Laderaum   hold
leichte Brise (Bft 2)   light breeze
Leuchtglockentonne
   lightbellbuoy
Leuchtsignal   flare
Leuchtturm   lighthouse
Luke   hatch

manövrierunfähig
   not under command
Maschinenraum   engine room
Maschinenschaden   engine
   trouble
Mastbruch   dismasting
Mitteilung, Nachricht   message
Mittstrom   fair tide

Nachbarschaft (in der Nähe)
   vicinity
nachlassend (Wind)   moderating
nächste(r) (zeitlich)   next
nautische Warnnachrichten
   navigational warnings
Nebel   fog

Ortszeit   local time
Ostsee   Baltic Sea

Peilung   bearing
Peilung, rechtweisende
   true bearing
Peitschenantenne   whip antenna

querab von   abeam of

Radarbake   radar beacon
Rakete   rocket
rechtdrehen (des Windes)
   to veer
rechtweisend   true
Reichweite   range

Rettungsboot
   lifeboat, safety boat
Rettungsweste   life jacket
rückdrehen (des Windes)
   to back
Ruderbruch   rudder break
Ruf   call
Rufzeichen   call sign
Rumpf   hull

scharf Ausguck halten...
   to keep sharp lookout...
Schiff macht Wasser (ist leck)...
   the ship is making water...
Schiff verlassen (im Notfall)...
   abandoning ship...
Schiffahrt wird gewarnt...
   shipping will be warned...
Schiffahrtsweg   lane
schlechte Sicht   poor visibility
schleppen, ziehen   to tow
Schlepper   tug
Schlepphilfe   towage service
schwache Brise (Bft 3)
   gentle breeze
schwer beschädigt...
   badly damaged...
schwere Schlagseite   heavy list
schwer verletzt
   seriously injured
Seefunkstelle   ship station
Seenot   distress
Seenotkreuzer   rescue vessel
Selektivruf   selective call

Sicherheit   safety
sinken   to sink
Sprühregen   drizzle
stark   strong
starker Wind (Bft 6)
   strong breeze
Steuerbord   starboard
stürmischer Wind (Bft 8)
   gale
Sturm (Bft 9)   strong gale
Sturmwarnung   gale warning

teilweise getaucht...
   partly submerged...
Telefon   phone
Tief, Sturmtief   cyclone
Tiefdruckgebiet   depression
Tiefgang   draught
treiben, versetzen   to drift
treiben auf   drifting towards

überfällig   overdue
Überflutung   flooding
übertragen   to transmit
Übertragung   communication
unbestimmt   undesignated
ungefähr   approximate
unterbrechen   to interrupt
Unterstützung, Hilfeleistung
   assistance

veränderlich (met.)   variable

Verkehrstrennungsgebiet
traffic separation scheme
voraus (Richtung)   ahead
voraussichtlich   estimated

weiträumig umfahren
wide berth
Wetterbericht   weather
report
Wetterlage   synopsis
Wettervorhersage
weather forecast

widerrufen   to cancel
Wrack, Strandgut   wreck

Zeitdauer (Gesprächsdauer)
duration
zeitweise   temporarily
zunehmend (meteor.)   increasing
zurücksetzen   to reset
zweimotorig   twin-engine

Fragenkataloge

Im folgenden sind die Fragenkataloge abgedruckt für

- das **Beschränkt Gültige Sprechfunkzeugnis für UKW (UKW-Sprechfunkzeugnis)** und
  das **Beschränkt Gültige Betriebszeugnis für Funker I/II (UKW-Betriebszeugnis I/II) – 1. Teil** (S. 171),
- das **Beschränkt Gültige Betriebszeugnis für Funker I/II (UKW-Betriebszeugnis I/II) – 2. Teil** (S. 210).

Die Prüfungsbögen enthalten vier Auswahlantworten, von denen jeweils nur eine richtig und anzukreuzen ist.
In den folgenden Fragenkatalogen sind alle vier möglichen Antworten genannt. **Welche Antwort jeweils richtig ist, steht auf Seite 228 und 229.**

Fragenkatalog für

Beschränkt Gültiges Sprechfunkzeugnis für UKW (USZ) und

Beschränkt Gültiges Betriebszeugnis für Funker I/II (BZ I/II) – 1. Teil

**Die Prüfungsbögen enthalten insgesamt 50 Fragen mit je 4 möglichen Antworten, von denen nur eine zutrifft.
Die Fragen müssen innerhalb von 30 Minuten beantwortet werden.
Zum Bestehen dieses Prüfungsteils müssen mindestens 40 Fragen richtig beantwortet werden.**

Abschnitt I

Allgemeine Bestimmungen

1. Ist für das Betreiben von Seefunkanlagen bzw. Binnenschiffahrts-funkanlagen eine Frequenzzuteilung notwendig?
   a) Ja, aber nur auf funkausrüstungspflichtigen Schiffen
   b) Ja, aber nur auf Fahrgastschiffen
   c) Ja
   d) Ja,aber nur bei Funkanlagen mit mehr als 1 Watt

2. Nach welcher Vorschrift ist eine Frequenzzuteilung zur Nutzung für das Betreiben einer Seefunkstelle bzw. einer Schiffsfunkstelle erforderlich?
   a) Schiffssicherheitsverordnung (SchSV)
   b) Telekommunikationsgesetz (TKG)
   c) Internationales Übereinkommen zum Schutz des menschlichen Lebens auf See (SOLAS)
   d) Gesetz über die Aufgaben des Bundes auf dem Gebiet der Seeschiffahrt (SeeAufgG)

3. Welche Behörde erteilt Frequenzzuteilungen zur Nutzung für das Betreiben von Seefunkstellen?
   a) Die zuständige Bezirksdirektion der Deutschen Telekom AG
   b) Die nächste Niederlassung der Deutschen Telekom AG
   c) Die Regulierungsbehörde für Telekommunikation und Post, Außenstelle Hamburg
   d) Das Bundesministerium für Verkehr, Bau- und Wohnungswesen

4. Welche Behörde erteilt Frequenzzuteilungen zur Nutzung für das Betreiben von Schiffsfunkstellen?
   a) Die Regulierungsbehörde für Telekommunikation und Post, Außenstelle Koblenz
   b) Das Bundesministerium für Verkehr, Bau- und Wohnungswesen
   c) Das Bundesamt für Seeschiffahrt und Hydrographie
   d) Die Regulierungsbehörde für Telekommunikation und Post, Außenstelle Mülheim/Ruhr

5. Kann eine ohne Frequenzzuteilung betriebene Funkanlage an Bord eines Schiffes außer Betrieb gesetzt werden?
   a) Ja, aber nur mit Einverständnis des Besitzers der Funkanlage
   b) Ja
   c) Nein
   d) Ja, aber nur, wenn Gespräche in das öffentliche Telefonnetz geführt worden sind

6. Welche Behörde hat das Recht, Funkanlagen an Bord zu überprüfen?
   a) Die Hafenbehörde
   b) Der Umweltminister
   c) Die Wasser- und Schiffahrtsdirektion
   d) Die Regulierungsbehörde für Telekommunikation und Post

7. In welchem internationalen Dokument wird die Abwicklung des Seefunkverkehrs weltweit geregelt?
   a) Im Internationalen Übereinkommen zum Schutz des menschlichen Lebens auf See (SOLAS)
   b) In den Radio Regulations (VO Funk)
   c) Im Telekommunikationsgesetz (TKG)
   d) In der Schiffssicherheitsverordnung (SchSV)

8. Welches Dienstwerk muß sich nach der Binnenschiffahrtspolizeiverordnung an Bord eines Schiffes befinden, das am Binnenschiffahrtsfunk teilnimmt?
   a) Die regionale Vereinbarung über den Binnenschiffahrtsfunk
   b) Das Handbuch Binnenschiffahrtsfunk
   c) Das Merkblatt für die automatische Identifizierung von Schiffsfunkstellen
   d) Das Handbuch Seefunk

9. Eine Seefunkstelle möchte ins öffentliche Netz telefonieren. Was muß veranlaßt werden?
   a) Die betreffende Küstenfunkstelle muß vorher schriftlich unterrichtet werden
   b) Es muß ein Vertrag mit einer Abrechnungsgesellschaft abgeschlossen werden
   c) Nichts
   d) In das Sprechfunkgerät muß vorher ein Selektivrufdecoder eingebaut werden

10. Welche der nachfolgend genannten Funkstellen ist eine Seefunkstelle?
    a) Eine mobile Schiffsfunkstelle des Binnenschiffahrtsfunks an Bord eines seegehenden Schiffes
    b) Eine mobile Funkstelle des Flugfunkdienstes, die am Seefunkdienst teilnimmt
    c) Eine mobile Funkstelle des Seefunkdienstes an Bord eines nicht dauernd verankerten Seefahrzeuges
    d) Ein Navigationsempfänger

11. Welche der nachfolgend genannten Funkstellen ist eine Schiffsfunkstelle?
    a) Eine ortsfeste Funkstelle der Hafenbehörden
    b) Eine mobile Funkstelle des Seefunkdienstes
    c) Eine mobile Funkstelle des Binnenschiffahrtsfunks, die sich an Bord eines Schiffes befindet, das nicht ständig festgemacht ist
    d) Ein Radargerät auf einem Schiff

12. Unterliegen UKW-Sprechfunkanlagen vor dem Einsatz auf Schiffen einer Zulassungspflicht?
    a) Die Zulassungspflicht besteht nur für Funkanlagen, die in internationalen Gewässern betrieben werden
    b) Das hängt davon ab, welche Firma das Gerät hergestellt hat
    c) Eine Zulassungspflicht besteht nicht
    d) Ja

13. Muß die Urkunde über die Frequenzzuteilung für eine Seefunkstelle auch auf einem Sportfahrzeug mitgeführt werden?
    a) Nein, wenn eine Kopie an Bord ist
    b) Nein
    c) Ja, sie muß an Bord so aufbewahrt werden, daß sie jederzeit vorgewiesen werden kann
    d) Nein, sie muß zu Hause gesichert aufbewahrt werden

14. Muß die Urkunde über die Frequenzzuteilung für eine Schiffsfunkstelle an Bord aufbewahrt werden?
    a) Ja, aber nur bei gewerblich genutzten Wasserfahrzeugen
    b) Nein
    c) Das entscheidet der Schiffsführer
    d) Ja

15. Ihre Seefunkstelle soll am Binnenschiffahrtsfunk teilnehmen. Was müssen Sie veranlassen?
    a) Sie müssen sich bei einer Küstenfunkstelle abmelden und bei der Nautischen Information für den Binnenschiffahrtsfunk anmelden
    b) Da die Frequenzzuteilung für die Seefunkstelle ohne weiteres auch in der Binnenschiffahrt gilt, ist nichts zu veranlassen
    c) Es ist eine Genehmigung zur Teilnahme am Binnenschiffahrtsfunk bei der Telekom zu beantragen
    d) Die Seefunkstelle muß zusätzlich mit einer Funkanlage für den Binnenschiffahrtsfunk ausgerüstet werden

16. Dürfen Schiffsfunkstellen am Seefunkdienst teilnehmen?
    a) Ja, aber die Ausgangsleistung der Binnenschiffahrtsfunkanlage muß auf allen Kanälen erhöht werden
    b) Ja, im Rahmen ihrer technischen Möglichkeiten
    c) Ja, wenn eine leistungsfähigere Antenne installiert wird
    d) Nein

17. Dürfen Schiffsfunkstellen mit Küstenfunkstellen Funkverkehr abwickeln?
    a) Ja, wenn die Funkanlage auf allen Kanälen die Leistung von 25 Watt
       erbringen kann
    b) Ja, wenn der Sprechfunkverkehr von einer Person ausgeübt wird, die
       mindestens im Besitz des Sportbootführerscheins See ist
    c) Nein
    d) Ja

18. Die UKW-Sprechfunkanlage soll ausgebaut und durch ein anderes Fabrikat
    ersetzt werden. Was ist zu beachten?
    a) Der Genehmigungsinhaber muß die zuständige Niederlassung der
       Telekom benachrichtigen
    b) Die neue Anlage muß ebenfalls für den entsprechenden Dienst zugelas-
       sen sein, und die Umrüstung muß der Reg TP schriftlich angezeigt
       werden
    c) Es dürfen nur energiesparende Anlagen eingebaut werden
    d) Es dürfen nur Semi-Duplex-Geräte eingebaut werden

19. Woran erkennt man, ob ein Funkgerät zugelassen ist?
    a) An der Gerätenummer
    b) An der Zulassungskennzeichnung
    c) Am GS-Zeichen
    d) Am Herstellerzeichen

20. Wer stellt in der Bundesrepublik Deutschland Seefunkzeugnisse aus?
    a) Die Deutsche Telekom AG
    b) Die Regulierungsbehörde für Telekommunikation und Post
    c) Der Bundesminister für Verkehr, Bau- und Wohnungswesen
    d) Die staatlichen Ausbildungsstätten der Küstenländer

21. Worin sind die internationalen Regelungen für den Erwerb von Seefunkzeugnissen aufgeführt?
    a) Im Internationalen Übereinkommen zum Schutz des menschlichen
       Lebens auf See
    b) In der Vollzugsordnung für internationale Fernmeldedienste
    c) Im Telekommunikationsgesetz
    d) In den Radio Regulations (VO Funk)

22. Wer an Bord kann eine uneingeschränkte Kontrolle über die Seefunkstelle
ausüben?
    a) Der Leitende Technische Offizier
    b) Der Lotse bei schwierigen Manövern
    c) Der Schiffseigner nach vorheriger Absprache mit dem Kapitän
    d) Der Kapitän

23. Zum Bedienen der Funkanlagen von Seefunkstellen, die ausschließlich für
den Sprech-Seefunkdienst auf UKW eingerichtet sind, ist *mindestens* erforderlich:
    a) Das Allgemeine Betriebszeugnis für Funker
    b) Das Allgemeine Sprechfunkzeugnis für den Seefunkdienst
    c) Das Allgemeine Seefunkzeugnis
    d) Das UKW-Sprechfunkzeugnis

24. Zum Bedienen der Funkanlagen einer Schiffsfunkstelle ist *mindestens*
erforderlich:
    a) Das Beschränkt Gültige Betriebszeugnis fur Funker II
    b) Das Allgemeine Sprechfunkzeugnis für den Seefunkdienst
    c) Das Allgemeine Seefunkzeugnis
    d) Das UKW-Sprechfunkzeugnis

25. Ist das Funkzeugnis an Bord mitzuführen?
    a) Ja, aber nur wenn das Fahrzeug nicht im Schiffsregister eingetragen ist
    b) Nein, weil es an Land sicherer aufbewahrt werden kann
    c) Das entscheidet der Inhaber der Frequenzzuteilung
    d) Ja

26. Sind Inhaber des UKW-Sprechfunkzeugnisses berechtigt, eine Grenz-
    wellen-Sprechfunkanlage an Bord eines Schiffes zu bedienen?
    a) Ja
    b) Ja, wenn das Schiff die Hoheitsgrenze überschritten hat
    c) Das hängt davon ab, ob es sich um Schiff-Schiff- oder Schiff-Land-Ver-
       bindungen handelt
    d) Nein

27. Sind Inhaber des UKW-Sprechfunkzeugnisses berechtigt, eine
    Kurzwellen-Sprechfunkanlage an Bord eines Schiffes zu bedienen?
    a) Nein
    b) Das hängt davon ab, ob es sich um Schiff-Schiff- oder Schiff-Land-Ver-
       bindungen handelt
    c) Ja
    d) Ja, wenn die Reichweite der UKW-Sprechfunkanlage nicht mehr aus-
       reicht

28. Ist der Funker verpflichtet, sein Funkzeugnis ausländischen Prüfbeamten
    auf Verlangen vorzuzeigen?
    a) Ja
    b) Nein
    c) Nur dann, wenn seine Betriebsabwicklung zu Beanstandungen Anlaß
       gegeben hat
    d) Darüber entscheidet der Kapitän

29. Darf eine zuständige ausländische Verwaltung die Funkanlagen an Bord
    überprüfen, wenn die Urkunde über die Frequenzzuteilung nicht vorgelegt
    werden kann oder offenkundige Unregelmäßigkeiten festgestellt worden
    sind?
    a) Ja, aber nur, wenn die Verwaltung den Internationalen Schiffssicher-
       heitsvertrag unterzeichnet hat
    b) Ja, aber nur dann, wenn der Schiffseigner seine Zustimmung gegeben
       hat
    c) Nein, nur die Regulierungsbehörde für Telekommunikation und Post
       (Reg TP) ist befugt, die Funkanlagen zu überprüfen
    d) Ja, die für die Funkstelle zuständige Person muß diesem Verlangen
       jederzeit nachkommen

30. Zur Kennzeichnung der Funkstellen werden Rufzeichen verwendet. Welches der nachfolgend aufgeführten Rufzeichen kennzeichnet eine Seefunkstelle?
    a) DA4537
    b) DAN
    c) DAWML
    d) DEDU

31. Zur Kennzeichnung der Funkstellen werden Rufzeichen verwendet. Welches der nachfolgend aufgeführten Rufzeichen kennzeichnet eine Schiffsfunkstelle?
    a) DA3161
    b) DAK
    c) DC2614
    d) DABC 62

32. Das vierstellige Unterscheidungssignal wird zugeteilt:
    a) Von der Reg TP
    b) Von der Zulassungsstelle
    c) Von INMARSAT
    d) Von dem zuständigen Seeschiffsregister

33. Wer erteilt in Deutschland den Seefunkstellen sechsstellige Rufzeichen?
    a) Die Niederlassung 1 Hamburg der Deutschen Telekom AG
    b) Die Regulierungsbehörde für Telekommunikation und Post, Außenstelle Hamburg
    c) Das für den Heimathafen des Schiffes zuständige Seeschiffsregister
    d) Das Bundesamt für Seeschiffahrt und Hydrographie (BSH)

34. Welche der nachfolgend aufgeführten Funkstellen ist eine Küstenfunkstelle?
    a) Radio Bremen
    b) Deutsche Welle
    c) Alexandria Radio
    d) Helgoland Phare

35. Welche der nachfolgend aufgeführten Funkstellen ist eine Küstenfunkstelle des Revier- und Hafenfunkdienstes?
    a) Radio Hamburg Hafen
    b) Helgoland Radio
    c) Bremerhaven Traffic Radio
    d) Hamburg Tower

36. Der Binnenschiffahrtsfunk in der Bundesrepublik Deutschland umfaßt mehrere Verkehrskreise. Welche sind es?
    a) Öffentlicher mobiler Landfunkdienst, Schiff–Schiff, Nautische Information, Hafenbehörde–Schleuse
    b) Schiff–Schiff, Schiff–Hafenbehörde, Funkverkehr an Bord, nicht öffentlicher mobiler Landfunkdienst
    c) Schiff–Schiff, Nautische Information, Schiff–Hafenbehörde, Funkverkehr an Bord
    d) Schiff–Schiff, Nautische Information, Ortungsfunk, Funkverkehr an Bord

37. Wann ist es Personen, die kein Seefunkzeugnis besitzen, erlaubt, über das Funkgerät der Seefunkstelle zu sprechen?
    a) Gar nicht; nur Inhaber von Seefunkzeugnissen sind berechtigt, über das Funkgerät der Seefunkstelle zu sprechen
    b) Unter der Aufsicht eines Inhabers eines Seefunkzeugnisses
    c) Während der Zeit, zu der der Funker nicht auf Wache ist
    d) Wenn die Leistung der UKW-Anlage auf dem betreffenden Kanal 1 Watt nicht überschreitet

38. Ist der Funker verpflichtet, das Fernmeldegeheimnis zu wahren?
    a) Ja
    b) Nein, wenn er im Besitz eines gültigen Seefunkzeugnisses ist
    c) Nein
    d) Ja, jedoch nicht gegenüber dem Steward

39. Was ist zu veranlassen, wenn der Schiffsname geändert wird?
    a) Die Frequenzzuteilungsurkunde kann vom Schiffseigner selber geändert werden
    b) Die Wasser- und Schiffahrtsdirektion Nord ist schriftlich zu informieren
    c) Die Reg TP ist schriftlich über die Namensänderung zu unterrichten, wobei die Frequenzzuteilungsurkunde zur Namensänderung mit einzusenden ist
    d) Die Wasserschutzpolizei, die für den Heimathafen des Schiffes zuständig ist, ist unverzüglich zu informieren

40. Wenn ein Schiff mit einer Seefunkstelle verkauft wird,
    a) ist hinsichtlich der Frequenzzuteilungsurkunde nichts zu unternehmen
    b) muß die Funkanlage überprüft werden
    c) gilt die Frequenzzuteilungsurkunde weiterhin, bis ihre Gültigkeit widerrufen wird
    d) muß der alte Eigner die Reg TP hierüber schriftlich informieren und die Frequenzzuteilungsurkunde an die Reg TP zurückgeben

41. Kann der Funker bei Vorliegen besonderer Umstände von der Pflicht, das Fernmeldegeheimnis zu wahren, entbunden werden?
    a) Ja, von Beamten der Regulierungsbehörde fur Telekommunikation und Post
    b) Ja, durch die Prüfungsbehörde, die das Sprechfunkzeugnis ausgestellt hat
    c) Nein
    d) Ja

42. Darf die See- oder Schiffsfunkstelle in Häfen der Bundesrepublik Deutschland auf UKW senden?
    a) Das ist von Hafen zu Hafen verschieden, im Zweifelsfalle ist die nächstgelegene Küstenfunkstelle zu befragen
    b) Ja
    c) Nein
    d) Ja, aber nur, wenn in Hafennähe kein UKW-Rundfunksender betrieben wird

43. Ist das Senden auf UKW in ausländischen Häfen gestattet?
    a) Das hängt von den Vorschriften des betreffenden Landes ab
    b) Ja
    c) Nein
    d) Das ist von der Funkwellenausbreitung abhängig

44. Welche Dienstbehelfe müssen bei einer Seefunkstelle, die ausschließlich mit UKW ausgerüstet ist, an Bord mitgeführt werden?
    a) Mitteilungen für Seefunkstellen und Schiffsfunkstellen
    b) Nautischer Funkdienst Band I bis IV, Jachtfunkdienst, MfS-Hefte, Sprechfunkverordnung für den Seefunkdienst
    c) Schiffssicherheitsverordnung, MERSAR-Vorschrift, SOLAS mit Änderungen von 1988
    d) Nachrichten für Seefahrer

45. Dürfen im Binnenschiffahrtsfunk auf Kleinfahrzeugen tragbare UKW-Sprechfunkanlagen benutzt werden?
    a) Ja, wenn die Leistung mindestens 5 W beträgt
    b) Nein
    c) Ja, wenn die Geräte mit einer DSC-Einrichtung ausgerüstet sind
    d) Ja, wenn die Reichweite mindestens 10 km beträgt

Abschnitt II

Funkgespräche, andere Nachrichten, Entgelte

1. In welcher Verrechnungseinheit erfolgt die internationale Abrechnung der Entgelte?
   a) In Euro
   b) In DM
   c) In Schweizer Franken
   d) In Goldfranken oder Special Drawing Rights (Sonderziehungsrechte)

2. Was bedeuten im öffentlichen Nachrichtenaustausch die Bezeichnungen „DP01"... „DP08"... „CY03" usw.?
   a) Telegrammart
   b) Rufzeichen einer deutschen Küstenfunkstelle
   c) Rufzeichen einer Luftfunkstelle
   d) Kennung einer Abrechnungsgesellschaft

3. Wer legt bei Funkgesprächen von und nach See die zu bezahlende Verbindungsdauer fest?
   a) Die Telekom-Niederlassung am Ort des Anrufers
   b) Die Bundeskasse
   c) Die Seefunkstelle
   d) Die Küstenfunkstelle

4. Welche Art von Nachrichten sind im Verkehrskreis Nautische Information zugelassen?
   a) Nachrichten, die an den Schiffseigner gerichtet sind und die Ladekapazität beziehungsweise Be- und Entladezeiten der Frachtschiffe betreffen
   b) Nur Meldungen über den Transport von gefährlichen Gütern
   c) Nur Meldungen, die mit dem dreimal gesprochenen Dringlichkeitszeichen „PAN PAN" beginnen
   d) Nachrichten, die sich auf den Schutz von Personen oder auf die Fahrt oder auf die Sicherheit von Schiffen beziehen

5. Welcher von den nachfolgenden Rufnamen im Verkehrskreis Nautische Information ist richtig?
   a) Nautische Information
   b) Mittelrhein Nautische Information
   c) Oberwesel Revierzentrale
   d) Revierzentrale Nautische Information

6. Für welchen Bereich sind die Zentralen der Nautischen Information zuständig?
   a) Für den deutschen Teil des Rheins (von der Schleuse Iffezheim bis Emmerich)
   b) Für die westdeutschen Kanäle
   c) Für die deutschen Küstengebiete
   d) Für alle Binnenschiffahrtsstraßen

7. Was bedeutet die Abkürzung NIF?
   a) Nautischer internationaler Funkdienst
   b) Nautisches Infosystem auf dem französischen Teil der Mosel
   c) Nicht identifizierte Fahrzeuge
   d) Nautischer Informationsfunk

8. Welche Nachrichten dürfen im Binnenschiffahrtsfunk im Verkehrskreis Schiff–Schiff (ausgenommen auf Kanal 77) übermittelt werden?
   a) Nachrichten kommerzieller Art über den Betrieb der Schiffe
   b) Nachrichten über das Ladungsgut
   c) Nachrichten über die Ablösetermine des Schiffspersonals
   d) Nachrichten, die sich auf den Schutz von Personen oder auf die Fahrt oder auf die Sicherheit von Schiffen beziehen

9. Ist es im Binnenschiffahrtsfunk erlaubt, Nachrichten sozialer Art im Verkehrskreis Schiff–Schiff zu übermitteln?
   a) Ja, auf Kanal 10
   b) Nein
   c) Ja, auf Kanal 77
   d) Ja, auf Kanal 69

10. Welche Nachrichten dürfen im Seefunkdienst auf den Kanälen des Revier- und Hafenfunkdienstes übermittelt werden?
    a) Nachrichten sozialer Art
    b) Private Nachrichten über Besatzung und Ladung
    c) Nachrichten über die Ablösungstermine des Schiffspersonals
    d) Nachrichten, die sich auf den Schutz von Personen oder auf die Fahrt oder auf die Sicherheit von Schiffen beziehen

11. Welche Nachrichten dürfen im Binnenschiffahrtsfunk im Verkehrskreis Schiff–Hafenbehörde übermittelt werden?
    a) Private Nachrichten über Besatzung und Ladung
    b) Nachrichten, die sich auf den Schutz von Personen oder auf die Fahrt oder auf die Sicherheit von Schiffen beziehen
    c) Nachrichten über die Ablösungstermine des Schiffspersonals
    d) Nachrichten sozialer Art

Abschnitt III

Betriebsverfahren im Sprechfunkverkehr

1. Was versteht man im Sprechfunkverkehr unter Duplex-Betrieb?
   a) Wechselsprechen
   b) Gegensprechen
   c) Verkehr auf einer Frequenz
   d) Doppelte Übertragungsgeschwindigkeit

2. Was versteht man im Sprechfunkverkehr unter Simplex-Betrieb?
   a) Gegensprechen
   b) Wechselsprechen
   c) Funkverkehr mit einfachen Geräten
   d) Die Funkverbindung kann nur in Richtung Land–See betrieben werden

3. Was versteht man im Sprechfunkverkehr unter Semi-Duplex-Betrieb?
   a) Gegensprechen zwischen Seefunkstellen
   b) Gegensprechen auf einer Frequenz
   c) Es handelt sich um die halbe Übertragungsgeschwindigkeit
   d) Wechselsprechen auf zwei verschiedenen Frequenzen

4. Sind Test-Aussendungen zulässig?
   a) Ja, die Aussendungen sollen so kurz wie möglich sein und die Dauer von 30 Sekunden nicht überschreiten
   b) Ja, die Aussendungen sollen jedoch so kurz wie möglich sein und dürfen die Dauer von 10 Sekunden nicht überschreiten
   c) Nein
   d) Ja, aber nur zu bestimmten Tageszeiten

5. Ist beim Durchführen von Test-Aussendungen auch der Name oder das Rufzeichen der sendenden Funkstelle anzugeben?
   a) Nein
   b) Das ist demjenigen, der die Versuchszeichen aussendet, freigestellt
   c) Ja, jedoch nur in Gebieten mit starkem Funkverkehr
   d) Ja

6. In welcher Form darf ein Test der Funkanlage durchgeführt werden?
   a) Kurze Tests dürfen nur auf einem besonderen Kanal durchgeführt werden
   b) Zum Durchführen des Tests im Sprechfunk muß das Einverständnis der nächsten Küstenfunkstelle eingeholt werden
   c) Durch Aussenden des Schiffsnamens mit Rufzeichen, gefolgt von dem Wort „TEST"
   d) Durch einen Anruf „An alle Funkstellen" mit der Frage „Wie hören Sie mich?"

7. Welche Sendeleistung ist im Binnenschiffahrtsfunk, Verkehrskreis Schiff–Schiff, vorgeschrieben?
   a) Die Leistung, die vom Bedienungspersonal der Schiffsfunkstelle für notwendig gehalten wird
   b) Eine Leistung so hoch wie möglich
   c) Die gleiche Leistung, die bei einer Schiff-Schiff-Verbindung im Seefunkdienst eingestellt werden darf
   d) Eine Sendeleistung von 0,5 bis 1 Watt

8. Mit welcher Sendeleistung darf im Binnenschiffahrtsfunk gearbeitet werden?
   a) Generell mit verminderter Leistung – in Notsituationen darf jedoch die volle Leistung eingeschaltet werden
   b) Nur mit verminderter Leistung
   c) Mit einer Sendeleistung von 0,5 bis 1 Watt bzw. 25 Watt je nach Verkehrskreis
   d) Die Leistungseinstellung legt der Funker jeweils nach der Wichtigkeit der Meldung fest

9. Welche Arten von Funkanlagen dürfen für die Kanäle 15 und 17 im Binnenschiffahrtsfunk, Verkehrskreis Funkverkehr an Bord, benutzt werden?
   a) Nur tragbare UKW-Sprechfunkgeräte mit automatischer Leistungsreduzierung
   b) Nur fest eingebaute UKW-Sprechfunkanlagen mit automatischer Leistungsreduzierung auf maximal 1 Watt
   c) Fest eingebaute UKW-Sprechfunkanlagen mit automatischer Leistungsreduzierung auf maximal 1 Watt und tragbare UKW-Sprechfunkanlagen
   d) Alle Funkanlagen, die auf reduzierte Leistung geschaltet werden können

10. Was ist vor dem Anruf auf einem Arbeitskanal zu beachten?
    a) Die Küstenfunkstelle muß den Arbeitskanal erst freigegeben haben
    b) Vor dem Senden ist das Einverständnis des Schiffsführers einzuholen
    c) Es kann mit dem Senden begonnen werden, sobald der Sender betriebsbereit ist
    d) Es muß sichergestellt werden, daß laufender Funkverkehr nicht gestört wird

11. Auf welchem Kanal rufen Sie eine Küstenfunkstelle, wenn nicht bekannt ist, auf welchem Kanal die Küstenfunkstelle empfangsbereit ist?
    a) Ein Anruf ist dann nicht möglich
    b) Auf Kanal 6
    c) Auf Kanal 16
    d) Auf Kanal 26

12. Auf welchem Kanal sollen Sie eine Küstenfunkstelle rufen, die sowohl auf Kanal 16 als auch auf einem Arbeitskanal empfangsbereit ist?
   a) Auf Kanal 6
   b) Auf Kanal 16
   c) Auf einem Arbeitskanal
   d) Auf Kanal 69

13. Darf im Binnenschiffahrtsfunk, Verkehrskreis Funkverkehr an Bord, auch Funkverkehr zwischen einer Gruppe von Fahrzeugen, die geschleppt oder geschoben werden, durchgeführt werden?
   a) Ja, jedoch nur bei Gefahr
   b) Ja
   c) Nein
   d) Ja, aber nur bei Kleinfahrzeugen

14. Welcher Kanal steht im Binnenschiffahrtsfunk im Verkehrskreis Schiff–Schiff als erster Kanal zur Verfügung?
   a) Kanal 10
   b) Kanal 16
   c) Kanal 13
   d) Kanal 77

15. Darf Kanal 70 für Sprechfunkverkehr benutzt werden?
   a) Ja, aber nur in dringenden Fällen
   b) Nein, dieser Kanal ist ausschließlich für DSC-Anrufe bestimmt
   c) Ja, aber nur im Binnenschiffahrtsfunk für ATIS
   d) Ja, aber nur als Ausweichkanal für Kanal 10

16. Welcher Kanal steht im Binnenschiffahrtsfunk Verkehrskreis Schiff–Hafenbehörde unter anderen zur Verfügung?
   a) Kanal 11
   b) Kanal 13
   c) Kanal 15 oder Kanal 17
   d) Kanal 16

17. Welche Kanäle dürfen im Binnenschiffahrtsfunk im Verkehrskreis Funkverkehr an Bord benutzt werden?
    a) Dieselben Kanäle, die im Verkehrskreis Schiff–Schiff benutzt werden dürfen
    b) Kanal 15 und 17
    c) Kanal 10 und 12
    d) Kanal 16 und 13

18. Wie oft dürfen Sie beim Anruf zum Herstellen einer Verbindung den Namen der gerufenen Funkstelle nennen?
    a) Beliebig oft
    b) Höchstens dreimal
    c) Höchstens zweimal
    d) Höchstens einmal

19. Wie oft sollen Sie beim Anruf zum Herstellen einer Verbindung den Namen der gerufenen Funkstelle nennen, wenn Sie eine gute Verständigung erwarten können?
    a) Zweimal
    b) Viermal
    c) Einmal
    d) Dreimal

20. Welche Form hat die mittels NAVTEX übertragene Tag-Zeit-Gruppe?
    a) 2030UTC, 26th May, 99
    b) 15 MAY 99,1530 UTC
    c) May,122030UTC,99
    d) 231642 UTC Jun 99

21. Welche Form hat die mittels NAVTEX übertragene Positionsangabe?
    a) 3456N 4456W
    b) 40.17-5W 22.18-3N
    c) 32-18.6 S 065-02.8 E
    d) 32°18′36″S 065°02′48″E

22. Sie befinden sich in einem Gebiet, in dem es möglich ist, mit einer Küsten-funkstelle auf einem ihrer Arbeitskanäle eine zuverlässige UKW-Verbin-dung herzustellen. Wann dürfen Sie einen unbeantworteten Anruf an die betreffende Küstenfunkstelle wiederholen?
    a) Nach 5 Minuten
    b) Sobald sichergestellt ist, daß der Sprechfunkverkehr bei der Küstenfunk-stelle nicht gestört wird
    c) Nach 1 Minute
    d) Nach 2 Minuten

23. Nach welcher Zeit dürfen Sie einen unbeantworteten Anruf auf Kanal 16 an eine Seefunkstelle wiederholen?
    a) Nach 2 Minuten und jeden weiteren 2 Minuten
    b) Nach 3 Minuten, wenn kein anderer Funkverkehr dadurch gestört wird
    c) Nach dem nächsten Sammelanruf
    d) Die Wiederholung des Anrufs darf sofort erfolgen

24. Nach welcher Zeit dürfen Sie einen unbeantworteten Anruf an eine Küsten-funkstelle auf Kanal 16 wiederholen?
    a) Sobald feststeht, daß auf Kanal 16 kein Notverkehr abgewickelt wird
    b) Nach fünf Minuten
    c) Nach einer Minute
    d) Nach drei Minuten

25. Wer bestimmt bei einer Verbindung zwischen See- und Küstenfunkstelle den zu benutzenden Kanal?
    a) Immer die Funkstelle, die angerufen worden ist
    b) Die Seefunkstelle
    c) Die Küstenfunkstelle
    d) Immer die Funkstelle, die eine andere anruft

26. Sie haben gehört, daß Sie gerufen worden sind, konnten aber infolge von Störungen nicht verstehen, wer Sie gerufen hat. Wie verhalten Sie sich?
    a) Ich warte mindestens 3 Minuten und mache dann folgenden Anruf:
       „An alle Funkstellen,
       ich bin gerufen worden"
    b) Ich sende folgenden Anruf:
       „Wer hat mich gerufen,
       hier ist,
       Schiffsname mit Rufzeichen"
    c) Ich mache sofort folgenden Anruf:
       „An alle Funkstellen,
       ich glaube, ich bin gerufen worden,
       Rufzeichen"
    d) Ich nehme den Handapparat und frage:
       „Hallo, wer ist da?"

27. Dürfen Sie auch mit Luftfunkstellen Funkverkehr abwickeln?
    a) Verkehr mit Luftfunkstellen ist nicht zulässig
    b) Verkehr mit Luftfunkstellen ist ausschließlich schwimmenden Einheiten der Bundeswehr gestattet
    c) Ja, zu Sicherheitszwecken
    d) Nur, wenn die Zustimmung der See-Berufsgenossenschaft vorliegt

28. Welches Betriebsverfahren gilt im Verkehr mit Luftfunkstellen?
    a) Ein besonderes Betriebsverfahren
    b) Der Verkehr mit Luftfunkstellen ist nicht zulässig
    c) Das Betriebsverfahren des Seefunkdienstes
    d) Das Betriebsverfahren des Flugfunkdienstes

29. Welche Meldungen dürfen im Seefunkdienst auf der Frequenz 156,8 MHz (Kanal 16) übermittelt werden?
    a) In keinem Fall Dringlichkeits- und Sicherheitsmeldungen
    b) Wasserstandsmeldungen
    c) Not- und Dringlichkeitsmeldungen
    d) Wichtige Funktelegramme

30. Wann darf eine Seefunkstelle öffentlichen Nachrichtenaustausch stören?
    a) Wenn kein anderer Kanal zur Verfügung steht
    b) Wenn es vom Kapitän ausdrücklich angeordnet worden ist
    c) Wenn ein anderes Reedereischiff schnell erreicht werden soll
    d) Im Notfall

31. Welcher UKW-Kanal ist im Sprech-Seefunk der internationale Not-, Sicherheits- und Anrufkanal?
    a) Kanal 70
    b) Kanal 10
    c) Kanal 16
    d) Kanal 6

32. Welcher Kanal im UKW-Seefunkbereich ist vorzugsweise für den internationalen Schiff-Schiff-Verkehr und für koordinierte SAR-Einsätze vorgesehen?
    a) Kanal 77
    b) Kanal 06
    c) Kanal 72
    d) Kanal 69

33. Wenn eine Küstenfunkstelle Funkgespräche für Seefunkstellen vorliegen hat, teilt sie dieses den Seefunkstellen zu bestimmten Zeiten mit. Wie nennt man diese Aussendungen?
    a) Mitteilungen für Seefunkstellen
    b) Sammelanrufe
    c) Sammelrufzeichen
    d) Seefunkaussendungen

34. In welcher Form werden von deutschen Küstenfunkstellen ärztliche Ratschläge vermittelt?
    a) Nur als Sicherheitsmeldungen
    b) Nur als Seefunktelegramme
    c) Es werden von deutschen Küstenfunkstellen keine ärztlichen Ratschläge vermittelt
    d) Als Seefunkgespräche

35. Welche Bedeutung hat die Ankündigung „INTERCO"?
    a) International Communication
    b) Abkürzung für „international cooperation in the mobile services"
    c) Die Funkstelle beabsichtigt, Abkürzungen aus dem Internationalen Signalbuch zu verwenden
    d) Internationale Communications Organisation

36. Welches Betriebsverfahren wird im Verkehrskreis Nautische Information verwendet?
    a) Land: Duplex   Schiff: Simplex
    b) Land: Simplex   Schiff: Simplex
    c) Land: Duplex   Schiff: Duplex oder Semi-Duplex
    d) Land: Duplex oder Semi-Duplex   Schiff: Simplex

37. Was ist ein Selektivruf?
    a) Ein Sammelanruf
    b) Ein Anruf eines Schiffes über eine Satellitenfunkanlage
    c) Die Aussendung einer Kennung, die bei der gerufenen Funkstelle ein optisches und akustisches Zeichen auslöst
    d) Ein Notruf

38. Wann muß im Binnenschiffahrtsfunk ein Radargerät das ATIS-Signal der eigenen Funkstelle aussenden?
    a) Das ATIS-Signal wird alle drei Minuten ausgesendet
    b) Radargeräte senden kein ATIS-Signal aus
    c) Es wird nicht das ATIS-Signal ausgesendet, sondern das Rufzeichen der Schiffsfunkstelle
    d) Das liegt im Ermessen des Schiffsführers

39. Was ist Funkverkehr von Brücke zu Brücke?
    a) Funkverkehr zwischen Schiffen, um Reederei-Informationen auszutau-
       schen
    b) Funkverkehr zwischen Schiffen, der ausschließlich der sicheren Naviga-
       tion dient
    c) Funkverkehr mit Richtstrahlern, die ausschließlich auf das andere Schiff
       ausgerichtet sind
    d) Funkverkehr, in dem private Informationen ausgetauscht werden

40. Sie meinen, daß Sie auf Kanal 16 von einer anderen Funkstelle gerufen
    worden sind, konnten aber nicht verstehen, ob Sie wirklich gemeint waren.
    Wie verhalten Sie sich?
    a) Ich mache einen Anruf an alle Funkstellen
    b) Ich beobachte Kanal 16 weiter
    c) Ich rufe: „Hallo, wer ist da?"
    d) Ich rufe die nächste Küstenfunkstelle an

41. In welchem Dienstwerk finden Sie die Funkkanäle für den Verkehrskreis
    Nautische Information mit Angabe der Stromkilometer?
    a) In der Regionalen Vereinbarung über den Binnenschiffahrtsfunk
    b) Im Anhang zur Rheinschiffahrtspolizeiverordnung
    c) Im Handbuch Binnenschiffahrtsfunk
    d) In den UKW-Informationen

42. Was verstehen Sie unter der Abkürzung „ATIS"?
    a) Automatisches Sendererkennungssystem im Seefunk
    b) Automatisches Fehlererkennungssystem
    c) Atlantisches Transport-Identifizierungssystem
    d) Automatisches Senderidentifizierungssystem

43. Was bedeutet UTC?
    a) Weltsommerzeit
    b) Koordinierte Weltzeit
    c) Unterer Übertragungskanal
    d) Englische Abkürzung für ECU

44. Welches der nachfolgend aufgeführten Rufzeichen ist für Anrufe an alle deutschen Seefunkstellen bestimmt?
    a) DAAG
    b) DAAF
    c) DAAD
    d) DAAK

45. Auf welchem Kanal soll der Funkverkehr von Brücke zu Brücke abgewickelt werden?
    a) Die Küstenfunkstelle des betreffenden Gebietes weist den Kanal zu
    b) Auf Kanal 6
    c) Auf Kanal 16
    d) Auf Kanal 13

46. Darf ein Schiff auch dann gerufen werden, wenn der Schiffsname nicht bekannt ist?
    a) Ja, aber nur im Notfall
    b) Nein
    c) Ja
    d) Ja, aber nur auf einem Duplex-Kanal

47. Was bewirkt die Rauschsperre (Squelch) am Funkgerät?
    a) Mit der Rauschsperre kann man die Reichweite des Senders erhöhen
    b) Die Rauschsperre unterdrückt das Rauschen bei der Aussendung
    c) Die Rauschsperre verändert die Empfindlichkeit des Empfängers
    d) Die Rauschsperre verringert die Sendeleistung

48. Wie erkennt man mit Hilfe der Rauschsperre (Squelch), ob ein Kanal frei ist?
   a) Der Kanal ist frei, wenn man bei eingeschalteter Rauschsperre kein Gespräch hört
   b) Der Kanal ist frei, wenn der Empfänger bei ausgeschalteter Rauschsperre rauscht
   c) Der Kanal ist nicht frei, wenn der Empfänger bei ausgeschalteter Rauschsperre rauscht
   d) Es läßt sich mit Hilfe der Rauschsperre nicht feststellen, ob der eingestellte Kanal frei ist

Abschnitt IV

Not, Dringlichkeit und Sicherheit

1. Wer an Bord darf das Aussenden einer Notmeldung anordnen?
   a) Jeder, der ausreichend über die Notsituation des Schiffes informiert ist
   b) Der Funker
   c) Nur der Schiffseigner
   d) Der Schiffsführer

2. Ein Schiff gerät in Not. Darf der Funker dieses Schiffes ohne besonderen Auftrag des Schiffsführers einen Notanruf aussenden?
   a) Über das Aussenden des Notanrufs entscheidet der Schiffseigner, das Einverständnis des Schiffsführers ist nicht nowendig
   b) Der Funker darf den Notanruf ohne besondere Anordnung aussenden
   c) Nein
   d) Ja, wenn der Funker genau über die Notsituation des Schiffes informiert ist

3. Sie beobachten auf einer Seeschiffahrtsstraße über einen längeren Zeit-
raum auf Ihrem Radarschirm eine Reihe von 12 aufeinanderfolgenden
kurzen Strichen, die auf Ihren Mittelpunkt weisen. Um was handelt es sich?
a) Um eine Reihe von Tonnen
b) Um die Aussendung eines Radartransponders
c) Um Schiffe, die an einer Regatta teilnehmen
d) Um die Kennzeichnung einer Fahrwasserbegrenzung

4. Womit wird auf UKW-Kanal 16 ein Seenotverkehr im herkömmlichen
Sicherheitssystem (NON-GMDSS) eingeleitet?
a) Mit der Notmeldung
b) Mit dem Peilzeichen
c) Mit den Worten SILENCE MAYDAY, um sich Ruhe auf der Notfrequenz
zu verschaffen
d) Mit dem Notanruf

5. Woraus besteht das Sprechfunk-Notzeichen?
a) Aus 2 Tönen, die abwechselnd gesendet werden
b) Aus dem Wort MAYDAY
c) Aus dem dreimal zu sprechenden Wort SECURITE
d) Aus der dreimal zu sprechenden Gruppe der Wörter PAN PAN

6. Was zeigt das Sprechfunk-Notzeichen im GMDSS an?
a) Daß ein Schiff eine sehr dringende Meldung auszusenden hat, welche
die Sicherheit eines Schiffes betrifft
b) Daß eine vitale nautische Warnnachricht vorliegt, die unbedingt beachtet
werden muß
c) Daß ein Orkan angekündigt wird
d) Daß ein Schiff oder eine Person von ernster und unmittelbar bevorste-
hender Gefahr bedroht ist und um sofortige Hilfe bittet

7. Dürfen Seefunkstellen (NON-GMDSS) während eines Notverkehrs, an dem sie nicht teilnehmen, auf den Frequenzen, auf denen der Notverkehr stattfindet, senden?
   a) Ja, in den Pausen des Notverkehrs, um Frequenzen für den öffentlichen Nachrichtenaustausch zu vereinbaren
   b) Ja, in außergewöhnlichen Fällen und unter bestimmten Bedingungen dürfen Dringlichkeits- und Sicherheitsmeldungen während einer Pause im Notverkehr angekündigt werden
   c) Nein, in keinem Fall
   d) Hierüber entscheidet die Funkstelle, die den Notverkehr leitet, auf Anfrage

8. Darf das Sprechfunk-Notzeichen MAYDAY auch auf Binnenschiffahrtsstraßen benutzt werden?
   a) Ja, wenn das Sprechfunk-Alarmzeichen vorangestellt wird
   b) Nein, es darf auf Binnenschiffahrtsstraßen nicht benutzt werden
   c) Nein, es ist eine Dringlichkeitsmeldung auszusenden
   d) Ja

9. Wie oft wird im Notanruf das Wort MAYDAY gesprochen?
   a) Das Wort MAYDAY ist nicht Bestandteil des Notanrufs
   b) Einmal
   c) Dreimal
   d) Das Wort MAYDAY wird so oft gesprochen, bis sich eine Funkstelle meldet

10. Wie oft wird im Notanruf der Name des in Not befindlichen Schiffes genannt?
   a) Der Name des sich in Not befindlichen Schiffes wird erst in der Notmeldung genannt
   b) Einmal
   c) Zweimal
   d) Dreimal

11. Womit wird im Seefunkdienst die Notmeldung eingeleitet?
    a) Mit der Position des in Not befindlichen Schiffes
    b) Mit dem Schiffsnamen
    c) Mit dem Notzeichen
    d) Mit dem Alarmzeichen

12. Wird die Notmeldung im Seefunkdienst mit einem besonderen Zeichen eingeleitet?
    a) Ja, mit dem Alarmzeichen
    b) Ja, mit dem Notzeichen
    c) Ja, mit dem nautischen Warnzeichen
    d) Nein, die Notmeldung beginnt mit dem Schiffsnamen

13. Was folgt in der Notmeldung auf den Namen der Funkstelle in Not?
    a) Die Art der erbetenen Hilfe
    b) Die Art des Notfalls
    c) Der Standort des in Not befindlichen Schiffes
    d) Das Notzeichen

14. Ist für die Abfassung der Notmeldung (NON-GMDSS) eine bestimmte Reihenfolge festgelegt?
    a) Ja, die Notmeldung besteht aus:
       – Standort
       – Name/Kennzeichnung der Funkstelle in Not
       – Art des Notfalls
       – Art der erbetenen Hilfe
       – jeder weiteren Angabe, die die Hilfeleistung erleichtern könnte
       – Notzeichen
    b) Ja, die Notmeldung besteht aus:
       – Name/Kennzeichnung der Funkstelle in Not
       – Notzeichen
       – Art des Notfalls
       – Art der erbetenen Hilfe
       – jeder anderen Angabe, die die Hilfeleistung erleichtern könnte
    c) Nein, Inhalt und Aufbau der Notmeldung sind nicht festgelegt, weil im Notfall alles erlaubt ist

d) Ja, die Notmeldung besteht aus:
 − Notzeichen
 − Name/Kennzeichnung der Funkstelle in Not
 − Standort
 − Art des Notfalls
 − Art der erbetenen Hilfe
 − jeder anderen Angabe, die die Hilfeleistung erleichtern könnte

15. Auf welchem Kanal wird im Seefunkdienst die Notmeldung ausgesendet?
 a) Die Notmeldung darf nur auf dem internationalen Not-, Sicherheits- und Anrufkanal 16 ausgesendet werden
 b) Vorzugsweise auf dem internationalen Not-, Sicherheits- und Anrufkanal 16. Eine Funkstelle in Not darf die Notmeldung jedoch auch auf jedem verfügbaren Kanal aussenden, auf dem sie die Aufmerksamkeit auf sich lenken könnte
 c) Die Notmeldung muß immer auf dem Arbeitskanal der nächstgelegenen Küstenfunkstelle ausgesendet werden
 d) Die Notmeldung wird auf Kanal 16 angekündigt und auf einem Schiff-Schiff-Kanal ausgesendet

16. Darf im Seefunkdienst die Notmeldung nur auf Kanal 16 ausgesendet werden?
 a) Nein, Notmeldungen müssen auf Kanal 6 (internationaler Schiff-Schiff-Verkehr sowie Such- und Rettungsarbeiten) ausgesendet werden
 b) Nein, die Notmeldung muß immer auf dem Arbeitskanal der nächstgelegenen Küstenfunkstelle ausgesendet werden
 c) Nein, eine Funkstelle in Not darf die Notmeldung auch auf jedem verfügbaren Kanal aussenden, auf dem sie die Aufmerksamkeit auf sich lenken könnte
 d) Nein, die Notmeldung wird auf Kanal 16 angekündigt und auf einem Schiff-Schiff-Kanal ausgesendet

17. Darf im Seefunkdienst im herkömmlichen Sicherheitssystem
(NON-GMDSS) eine Notmeldung auf Kanal 16 wiederholt werden?
a) Nein, zur Entlastung des Kanals 16 erfolgt die Wiederholung einer Notmeldung nur auf einem Arbeitskanal
b) Nein, da Notmeldungen auf Kanal 16 ausgestrahlt werden, ist sichergestellt, daß immer mehrere See- oder Küstenfunkstellen die Notmeldungen aufgenommen haben
c) Ja
d) Nein, die Wiederholung einer Notmeldung erfolgt auf einem Schiff-Schiff-
Kanal

18. Welche Meldungen dürfen unter bestimmten Voraussetzungen während
eines laufenden Notverkehrs auf dem Kanal, auf dem der Notverkehr
stattfindet, angekündigt werden?
a) Anruf an eine Küstenfunkstelle zur Ankündigung eines dringenden Tele-
gramms
b) Einlaufmeldungen
c) Dringlichkeits- und Sicherheitsmeldungen
d) Sammelanrufe

19. Wann wird eine Notmeldung im herkömmlichen Sicherheitssystem
(NON-GMDSS) wiederholt?
a) Notmeldungen werden wiederholt, wenn der betreffende Arbeitskanal
von der Küstenfunkstelle geräumt worden ist
b) Notmeldungen dürfen nicht wiederholt werden
c) Notmeldungen werden zu jeder vollen Stunde wiederholt
d) Eine Notmeldung wird wiederholt, wenn die Seefunkstelle in Not keine
Bestätigung auf ihre Notmeldung erhalten hat oder wenn sie es aus
anderen Gründen für notwendig hält

20. Darf eine Funkstelle, die selbst nicht in Not ist, für ein anderes in Not befindliches Schiff eine Notmeldung aussenden?
   a) Eine Funkstelle, die selbst nicht in Not ist, unterrichtet die Schiffahrt über den Notfall durch eine nautische Warnnachricht
   b) Eine Funkstelle, die selbst nicht in Not ist, sendet die Notmeldung einer anderen Funkstelle als Dringlichkeitsmeldung aus
   c) Ja
   d) Nein, da sie dadurch den Notverkehr stören könnte

21. Mit welchen Wörtern beginnt der Notanruf einer Seefunkstelle (NON-GMDSS), die sich selbst nicht in Not befindet?
   a) Mit MAYDAY
   b) Mit MAYDAY RELAY
   c) Mit SECURITE
   d) Mit SILENCE DETRESSE

22. Muß eine Seefunkstelle, die eine Notmeldung einer in ihrer Nähe befindlichen anderen Seefunkstelle empfangen hat, den Empfang der Notmeldung bestätigen?
   a) Notmeldungen werden nur von Küstenfunkstellen bestätigt
   b) Ja
   c) Das hängt von der Genehmigung des Kapitäns ab
   d) Die Entscheidung hierüber trifft der Schiffseigner

23. Muß eine Seefunkstelle den Empfang einer Notmeldung einer zweifellos weit entfernten Seefunkstelle bestätigen?
   a) Notmeldungen werden in jedem Fall bestätigt
   b) Die Entscheidung hierüber trifft der Funker
   c) Die Bestätigung erfolgt in diesem Fall nur dann, wenn die Notmeldung von anderen Funkstellen nicht bestätigt worden ist
   d) Das hängt von der Genehmigung des Kapitäns ab

24. Muß eine Notmeldung von jeder Seefunkstelle bestätigt werden, die diese Meldung empfangen hat?
   a) Ja, aber das muß der Kapitän oder sein Stellvertreter entscheiden
   b) Ja, das ist stets erforderlich
   c) Grundsätzlich ja, die Bestätigung kann aber unterbleiben, wenn die empfangende Seefunkstelle nicht für eine Hilfeleistung in Frage kommt und andere Funkstellen die Notmeldung bestätigt haben
   d) Ja, wenn eine sichere Funkverbindung möglich ist

25. Ist die Form der Bestätigung des Empfangs einer Notmeldung festgelegt?
   a) Ja, Name des eigenen Schiffes und „Erhalten MAYDAY"
   b) Nein, die Art der Bestätigung ist nicht besonders festgelegt
   c) Ja, nach dem mit dem Notzeichen SOS eingeleiteten Anruf erfolgt „Habe Ihre Notmeldung erhalten"
   d) Ja, nach einem mit dem Notzeichen eingeleiteten Anruf folgt „Erhalten MAYDAY"

26. Wird die Bestätigung des Empfangs einer Notmeldung im Sprechfunk mit MAYDAY eingeleitet?
   a) Nein, die Bestätigung beginnt mit einem einfachen Anruf
   b) Ja
   c) Nein, die Bestätigung wird mit dem Notzeichen SOS eingeleitet
   d) Nein, zuerst wird das Peilzeichen ausgesendet

27. Wird im Seefunkdienst vor einem Anruf im Notverkehr das Notzeichen MAYDAY ausgesendet?
   a) Ja, wenn man annehmen muß, daß sich keine Seefunkstellen in unmittelbarer Nähe befinden
   b) Nein, es wird grundsätzlich das Notzeichen SOS ausgesendet
   c) Nein, es wird das Dringlichkeitszeichen ausgesendet
   d) Ja

28. Wann wird im Seefunkdienst im laufenden Notverkehr das Notzeichen ausgesendet?
    a) Nur beim Aussenden der Notmeldung
    b) Vor jedem Anruf
    c) Wenn es vom Kapitän ausdrücklich verlangt worden ist
    d) Wenn die Situation besonders kritisch ist

29. Wann wird im Seefunkdienst SILENCE MAYDAY ausgesendet?
    a) Wenn der Notverkehr beendet ist
    b) Wenn die Rettungsleitstelle oder die Funkstelle, die die Such- und Rettungsarbeiten koordiniert, oder die Küstenfunkstelle, die am Notverkehr beteiligt ist, einer oder mehreren Funkstellen das Senden untersagt
    c) Wenn irgendeine Funkstelle, die selbst den Notverkehr nicht leitet, anderen Funkstellen das Senden untersagt
    d) Beim Verbreiten der Notmeldung

30. Woran erkennen Sie, daß es sich bei Anzeigen auf dem Radarschirm um die empfangene Aussendung eines Radartransponders handelt?
    a) An einem angezeigten dicken Balken
    b) An dem auf dem Radarschirm dargestellten Rufzeichen des Schiffes, das seinen Radartransponder eingeschaltet hat
    c) An einer Reihe von 12 aufeinanderfolgenden kurzen Strichen, die auf den Bildschirmmittelpunkt weisen
    d) Die Aussendung eines Radartransponders ist auf dem Radarschirm nicht sichtbar

31. Sie empfangen mit Ihrem Radargerät die Aussendung eines Radartransponders. Was bedeutet das?
    a) Ein Schiff bittet um Feststellung seiner Position
    b) Ein Schiff bittet um Radarberatung
    c) Die örtliche Radarberatungsstelle bittet um Kontaktaufnahme
    d) Ein Schiff ist in Not

32. Sie empfangen mit Ihrem Radargerät die Aussendung eines Radartransponders. Welcher Funkverkehr ist einzuleiten?
    a) Anruf an die zuständige Radarberatungsstelle
    b) Sicherheitsverkehr
    c) Anruf an alle Funkstellen
    d) Notverkehr

33. Was besagt die Meldung, an deren Ende SILENCE FINI steht?
    a) Der Funkverkehr kann mit Einschränkungen wieder aufgenommen werden
    b) Der Funkstelle, die den Notverkehr stört, wird Funkstille geboten
    c) Der Notverkehr ist beendet
    d) Die Besatzung gibt das Schiff auf und verläßt es

34. Wie werden im Seefunkdienst die Funkstellen davon unterrichtet, daß der Notverkehr beendet ist? Durch eine Meldung, die wie folgt beendet wird:
    a) MAYDAY FINI
    b) SILENCE MAYDAY
    c) PRUDENCE
    d) SILENCE FINI

35. Wann wird der Radartransponder eingeschaltet?
    a) Wenn die eigene Position festgestellt werden soll
    b) Wenn Radarberatung gewünscht wird
    c) Wenn unsichtiges Wetter aufkommt
    d) Wenn das eigene Schiff in Not ist

36. Welche Anrufe beginnen im Binnenschiffahrtsfunk und im herkömmlichen Sicherheitssystem (NON-GMDSS) mit den Wörtern MAYDAY RELAY?
    a) Notanrufe, die nicht sofort beantwortet werden müssen
    b) Notanrufe, die durch eine in Not befindliche Funkstelle ausgesendet werden
    c) Dringlichkeitsanrufe im Zusammenhang mit ärztlicher Beratung
    d) Notanrufe, die durch eine Funkstelle ausgesendet werden, die sich selbst nicht in Not befindet

37. Woraus besteht das Dringlichkeitszeichen im Sprechfunk?
    a) Aus dem Wort PAN
    b) Aus dem Wort SECURITE
    c) Aus der Gruppe der Wörter PAN PAN
    d) Aus dem Wort MAYDAY

38. Wie wird im Sprechfunk die dreimal zu sprechende Gruppe der Wörter PAN PAN genannt?
    a) Sicherheitszeichen
    b) Notzeichen
    c) Dringlichkeitszeichen
    d) Alarmzeichen

39. Was kündigt das Dringlichkeitszeichen im Seefunkdienst an?
    a) Daß die rufende Funkstelle eine sehr dringende Meldung auszusenden hat, welche die Sicherheit eines Schiffes oder einer Person betrifft
    b) Daß Schiff und Besatzung von ernster und unmittelbar bevorstehender Gefahr bedroht sind und sofortige Hilfe erbitten
    c) Daß eine nautische Warnnachricht ausgesendet werden soll
    d) Daß die Zeichen einer Seenotfunkbake gehört worden sind

40. Was kündigt das Dringlichkeitszeichen im Bereich von Binnenschiffahrtsstraßen an?
    a) Daß eine Nautische Information ausgesendet wird
    b Daß der Schleusenbetrieb vorübergehend eingestellt wird
    c) Daß die rufende Funkstelle eine dringende Meldung auszusenden hat, welche die Sicherheit eines Schiffes oder einer Person betrifft
    d) Daß wegen schlechter Sicht die Lichter zu setzen sind

41. Eine Seefunkstelle in der Nordsee hat eine sehr dringende Meldung auszusenden, welche die Sicherheit einer Person betrifft. Womit wird diese Meldung eingeleitet?
    a) URGENT (dreimal zu sprechen)
    b) SECURITE (dreimal zu sprechen)
    c) PAN PAN (dreimal zu sprechen)
    d) PRUDENCE (dreimal zu sprechen)

42. An wen dürfen Dringlichkeitsmeldungen im Seefunkdienst gerichtet werden?
    a) Nur an alle Seefunkstellen
    b) Nur an Küstenfunkstellen
    c) „An alle Funkstellen" oder an eine bestimmte Funkstelle
    d) Nur an eine bestimmte Funkstelle

43. Dürfen Dringlichkeitsmeldungen an eine bestimmte Funkstelle gerichtet werden?
    a) Nein, nur „An alle Seefunkstellen"
    b) Nein, nur „An alle Funkstellen"
    c) Ja
    d) Nein, nur an eine Küstenfunkstelle

44. Muß eine „An alle Funkstellen" ausgesendete Dringlichkeitsmeldung aufgehoben werden?
    a) Ja, aber nur bei Mann über Bord
    b) Hierüber gibt es keine Vorschriften
    c) Ja
    d) Nein, da alle erreichbaren Funkstellen den Funkverkehr mitgehört haben

45. Durch eine „An alle Funkstellen" gerichtete Dringlichkeitsmeldung ist mitgeteilt worden, daß die Sicherheit einer Person gefährdet war. An wen ist die Aufhebung der Meldung zu richten?
    a) An die beteiligten Suchschiffe
    b) An die nächstliegende Küstenfunkstelle
    c) „An alle Funkstellen"
    d) Der Widerruf einer solchen Meldung ist nicht vorgesehen

46. Ein Schiff auf einer Binnenschiffahrtsstraße gerät in schwere Gefahr. Was wird in diesem Fall durch die Funkstelle des betroffenen Schiffes eingeleitet?
    a) Ein Notruf, der aus dem einmal zu sprechenden Wort MAYDAY besteht
    b) Ein Dringlichkeitsanruf
    c) Ein Notgespräch
    d) Ein Sicherheitsanruf, der die in der Nähe befindliche Schiffahrt warnt

47. In welchen Verkehrskreisen des Binnenschiffahrtsfunks kann ein Dringlichkeitsgespräch gesendet werden?
a) In allen Verkehrskreisen
b) Nur in den Verkehrskreisen Schiff–Schiff und Nautische Information
c) Nur im Verkehrskreis Nautische Information
d) Nur in den Verkehrskreisen Schiff–Schiff und Schiff–Hafenbehörde

48. Welche Stelle ist bei schwerer Gefahr auf den deutschen Binnenschiffahrtsstraßen in jedem Fall anzurufen?
a) Die Wasser- und Schiffahrtsdirektion West
b) Die Wahrschaustation Kaub
c) Die Deutsche Lebens-Rettungs-Gesellschaft
d) Die zuständige Revierzentrale

49. Wann liegt im Seefunkdienst ein Dringlichkeitsfall vor?
a) Bei einer vertriebenen Tonne
b) Wenn das Schiff sinkt
c) Bei Kentergefahr
d) Bei einer verletzten Person an Bord

50. Woraus besteht im Seefunkdienst das Sicherheitszeichen?
a) Aus dem Wort SAFETY
b) Aus der Gruppe der Wörter PAN PAN
c) Aus dem Wort MAYDAY
d) Aus dem Wort SECURITE

51. Welche Meldung wird mit SECURITE angekündigt?
a) Eine Meldung, die die Sicherheit einer Person betrifft
b) Eine Sicherheitsmeldung
c) Eine Meldung, die anzeigt, daß ein Schiff von ernster Gefahr bedroht ist
und um sofortige Hilfe bittet
d) Eine Dringlichkeitsmeldung

52. Was ist eine Sicherheitsmeldung?
    a) Ein Medico-Gespräch
    b) Eine Meldung über den Reiseweg des Schiffes
    c) Eine Meldung über Lotsenanforderung
    d) Eine wichtige nautische Warnung oder eine wichtige Wetterwarnung

53. Welche Meldungen fallen *nicht* unter den Begriff Sicherheitsmeldungen?
    a) DECCA-Warnungen
    b) Nautische Warnnachrichten
    c) Sturmwarnungen
    d) Suchmeldungen

Beschränkt Gültiges Betriebszeugnis für Funker I/II (BZ I/II) – 2. Teil

Die Prüfungsbögen enthalten insgesamt 15 Fragen mit je 4 möglichen Antworten, von denen nur eine zutrifft.
Die Fragen müssen innerhalb von 15 Minuten beantwortet werden.
Zum Bestehen dieses Prüfungsteils müssen mindestens 12 Fragen richtig beantwortet werden.

Abschnitt I
Allgemeine Bestimmungen, Begriffsbestimmungen

1. Welches Funkzeugnis ist mindestens erforderlich, um auf einem nicht funkausrüstungspflichtigen Schiff im Bedeckungsbereich der deutschen UKW-Küstenfunkstellen am GMDSS teilnehmen zu können?
   a) Sonderzeugnis für den Seefunkdienst
   b) UKW-Sprechfunkzeugnis
   c) Beschränkt Gültiges Betriebszeugnis für Funker II
   d) Allgemeines Sprechfunkzeugnis

2. Wozu berechtigt das UKW-Betriebszeugnis I?
   a) Es berechtigt zum Bedienen der Sprech-Seefunkstellen für UKW und der Funkeinrichtungen des GMDSS für UKW
   b) Es berechtigt zum Bedienen von Betriebsfunkanlagen auf UKW
   c) Es berechtigt zum Bedienen der GMDSS-Funkanlagen auf Schiffen für das Seegebiet A2
   d) Es berechtigt zum Bedienen aller Funkanlagen für den Frequenzbereich oberhalb 30 MHz

3. Wozu berechtigt das UKW-Betriebszeugnis II?
   a) Es berechtigt zum Bedienen von Funkanlagen des Seefunkdienstes über Satelliten
   b) Es berechtigt zum Bedienen der Sprech-Seefunkstellen für UKW und der Funkeinrichtungen des GMDSS für UKW im Bedeckungsbereich deutscher Küstenfunkstellen
   c) Es berechtigt zum Bedienen der KW-Funkanlagen auf Schiffen im Seegebiet A4
   d) Es berechtigt zum Bedienen aller Funkanlagen für den Frequenzbereich oberhalb 30 MHz

4. Welches Seefunkzeugnis ist mindestens erforderlich, um weltweit am GMDSS im Seegebiet A1 teilnehmen zu dürfen?
   a) Das Allgemeine Sprechfunkzeugnis
   b) Das UKW-Sprechfunkzeugnis
   c) Das Seefunkzeugnis 1. Klasse
   d) Das Beschränkt Gültige Betriebszeugnis für Funker I

5. Welches Seefunkzeugnis berechtigt zum Bedienen aller Sprech-Seefunkstellen und Einrichtungen des GMDSS für das Seegebiet A3?
   a) UKW-Betriebszeugnis I
   b) Allgemeines Sprechfunkzeugnis für den Seefunkdienst
   c) Allgemeines Seefunkzeugnis
   d) Allgemeines Betriebszeugnis für Funker

6. Welches internationale Regelwerk legt die betrieblichen Verfahren für das Weltweite Seenot- und Sicherheitsfunksystem fest?
   a) Internationales Übereinkommen zum Schutz des menschlichen Lebens auf See (SOLAS)
   b) Radio Regulations (VO Funk)
   c) EG-Richtlinie über die Schiffsausrüstung
   d) Telekommunikationsgesetz (TKG)

7. Wer ist bei Seefunkstellen über den Empfang eines Notalarms und seinen Inhalt umgehend zu informieren?
   a) Nur der wachhabende Offizier
   b) Der Reeder oder Eigentümer des Schiffes
   c) Der Führer des Fahrzeuges oder die für das Schiff verantwortliche Person
   d) Der Führer des Fahrzeuges und stets der Reeder oder Eigentümer

8. Dürfen die im GMDSS geforderten UKW-Handsprechfunkgeräte für Überlebensfahrzeuge für den Funkverkehr an Bord benutzt werden?
   a) Ja, wenn das Bedienpersonal im Besitz wenigstens des Seefunksonderzeugnisses ist
   b) Nein, die Verwendung dieser Geräte ist ausschließlich im Seenotfall erlaubt
   c) Ja, wenn sie mit Akkumulatoren betrieben werden
   d) Nein, der Betrieb dieser Geräte ist nur in Überlebensfahrzeugen erlaubt

9. In welchem internationalen Regelwerk sind die Vorschriften für das GMDSS festgelegt?
   a) SOLAS
   b) Telekommunikationsgesetz (TKG)
   c) Seehandelsgesetz
   d) UNO-Charta

10. Welche Regelung für die Ausrüstungspflicht mit Funkanlagen gilt nach dem 1. Februar 1999 für Schiffe, die unter die SOLAS-Konvention fallen?
    a) Es dürfen nach SOLAS 74 ausgerüstete Schiffe ohne Umrüstung weiterfahren
    b) Frachtschiffe mit einer BRZ von 300 und mehr und alle Fahrgastschiffe müssen mit Einrichtungen entsprechend GMDSS ausgerüstet sein
    c) Schiffe unter 500 BRZ rüsten sich freiwillig mit GMDSS-Funkanlagen aus
    d) Alle Fahrgastschiffe müssen mit Satellitenkommunikationsanlagen ausgerüstet sein

11. Dürfen Sportfahrzeuge am GMDSS teilnehmen?
   a) Nein, Sportfahrzeuge dürfen unter keinen Umständen am GMDSS teilnehmen
   b) Ja, wenn sie sich beim Verlassen des Hafens bei der zuständigen Rettungsleitstelle anmelden
   c) Ja, Sportfahrzeuge dürfen ohne besondere Vorkehrungen am GMDSS teilnehmen
   d) Ja, wenn die entsprechende Funkausrüstung vorhanden ist

12. Welche überstaatliche Vereinbarung enthält Bestimmungen über die Ausrüstungspflicht mit GMDSS-Funkanlagen bei Seefahrzeugen?
   a) Internationales Übereinkommen zum Schutz des menschlichen Lebens auf See (SOLAS)
   b) Konvention der Internationalen Fernmeldeunion
   c) Genfer Konvention
   d) Vollzugsordnung für den Funkdienst

13. In welchem Fall kann von den Bestimmungen der Radio Regulations (VO Funk) abgewichen werden?
   a) Bei Container über Bord
   b) Bei Erkrankung eines Mannschaftsmitglieds
   c) Bei Treibstoffmangel
   d) Im Notfall

14. Wie werden die Seegebiete im GMDSS bezeichnet?
   a) AORw, AORe, IOR, POR
   b) Atlantik, Pazifik, Arktis, Indischer Ozean
   c) A1, A2, A3, A4
   d) Kleine Fahrt, mittlere Fahrt, große Fahrt, weltweite Fahrt

15. Wie lautet die Kurzbezeichnung für das nachfolgend beschriebene Seegebiet? „Ein von der zuständigen Verwaltung festgelegtes Gebiet innerhalb der Sprechfunkreichweite mindestens einer UKW-Küstenfunkstelle, die ununterbrochen für DSC-Alarmierungen zur Verfügung steht."
    a) A2
    b) A1
    c) A3
    d) A4

16. Welchem Zweck dienen Ortungszeichen im GMDSS?
    a) Ortungszeichen werden zum Zwecke der Positionsbestimmung vom MRCC ausgesendet
    b) Ortungszeichen dienen ausschließlich der Ermittlung des Standortes einer Funkbake
    c) Ortungszeichen werden von Sucheinheiten ausgesendet, damit die Einheit in Not ihre Position überprüfen kann
    d) Ortungszeichen sollen die Ortung einer beweglichen Funkstelle in Not oder die Ermittlung des Standortes der Überlebenden erleichtern

17. Was sind Zielfahrtzeichen?
    a) Ortungszeichen, die von beweglichen Einheiten in Not oder Rettungsgeräten ausgesendet werden
    b) Ortungszeichen, die von Sucheinheiten ausgesendet werden
    c) Ortungszeichen, die von beweglichen Einheiten für die Einheit in Not ausgesendet werden
    d) Ortungszeichen, die von ortsfesten Einheiten zur Positionsbestimmung ausgesendet werden

Abschnitt II
GMDSS-Fachbegriffe

1. Was ist die „Maritime Mobile Service Identity" (MMSI)?
   a) Die Rufnummer im Seefunkdienst
   b) Die analoge Kennung einer Seefunkstelle
   c) Nur das verschlüsselte Rufzeichen einer Seefunkstelle
   d) Die digitale Kennung des Notsenders

2. Welches Schiffspapier enthält die MMSI?
   a) Der Fahrterlaubnisschein
   b) Die Urkunde für die Frequenzzuteilung
   c) Die Gerätezulassungsurkunde
   d) Das Ausrüstungssicherheitszeugnis

3. Wie wird die MMSI gebildet?
   a) Aus fünf Ziffern
   b) Aus sieben Ziffern
   c) Aus neun Buchstaben
   d) Aus neun Ziffern

4. Wie setzt sich die MMSI einer Seefunkstelle zusammen?
   a) Aus sechs Buchstaben und drei Ziffern
   b) Aus sieben Ziffern, wobei die ersten beiden Nullen sein müssen
   c) Aus neun Ziffern
   d) Aus sechs Ziffern ohne Null

5. Wie setzt sich die MMSI einer Küstenfunkstelle zusammen?
   a) Aus neun Ziffern, von denen die zweite und dritte Ziffer eine Null ist
   b) Aus sieben Ziffern, von denen die letzten beiden Ziffern Nullen sind
   c) Aus neun Ziffern, von denen die letzten beiden Ziffern Nullen sind
   d) Aus neun Ziffern, von denen die ersten beiden Ziffern Nullen sind

6. Was bedeutet der Begriff SAR?
   a) Suche und Rettung
   b) Sichere Ansteuerungsroute
   c) Suche auf Radarschirm
   d) Seeansteuerungsradar

7. Was bedeutet GMDSS?
   a) Globales Maritimes Daten-Sicherungs-System
   b) Weltweites Not- und Sicherheitsfunksystem für die Luftfahrt
   c) Weltweites Nachrichtensystem für Reedereiinformationen
   d) Weltweites Seenot- und Sicherheitsfunksystem

8. Über welches System können im Küstenbereich Warnnachrichten
   automatisch empfangen werden?
   a) Über INTELSATEX
   b) Über NAVTEX
   c) Über INTERNAV
   d) Über COASTALNAVTELS

9. Was ist eine EPIRB?
   a) Eigenpeilung im Radarbereich
   b) Elektronisches Peilsystem Im Regionalen Bereich
   c) Seenotfunkbake
   d) Europäisches Planungs-Institut für Rundfunk- und Breitbandnetze

10. In welchem Frequenzbereich arbeitet ein Radartransponder?
    a) 121,5 MHz
    b) 9 GHz
    c) 15 GHz
    d) 406 MHz

11. Was bedeutet die Abkürzung RCC?
    a) Rotating Channel Choice
    b) Receiving Channel Code
    c) Radio Control Centre
    d) Rescue Coordination Centre

12. Was bedeutet die Abkürzung SAR?
   a) Search and Rescue
   b) Ship and Radar
   c) Sound and Radio
   d) Sea Area Route

13. Was bedeutet die Abkürzung SART
   a) Search and Rescue Radar Transponder
   b) Special Aircraft Radio Telecommunication
   c) Search and Radar Test Equipment
   d) Ship and Raft Test Program

14. Was bedeutet die Abkürzung GMDSS?
   a) Global Maritime Data Sea System
   b) German Maritime Distress and Safety System
   c) Global Maritime Distress and Safety System
   d) Global Medical Distress and Safety System

15. Was bedeutet die Abkürzung MMSI?
   a) Merchant Mobile Ship Information
   b) Mobile Merchant Safety Identity
   c) Maritime Mobile Service Identity
   d) Multiple Merchant Ship Information

16. Was bedeutet die Abkürzung MID?
   a) Multilateral Identification Digit
   b) Mobile Information Data
   c) Medical Indication Data
   d) Maritime Identification Digit

17. Was bedeutet die Abkürzung EPIRB?
   a) Emission Position-Indicating Radio Beacon
   b) Emergency Position-Indicating Radio Beacon
   c) Electronic Power in Radar Beam
   d) European Planing Institut for Regional Broadcast

18. Was bedeutet DISTRESS ALERT?
    a) Sprechfunk-Alarmzeichen
    b) Notverkehr beendet
    c) Notalarm
    d) Dringlichkeitsalarm

Abschnitt III

Betriebsverfahren im GMDSS
Not, Dringlichkeit und Sicherheit

1. Auf welchem UKW-Kanal müssen Seefunkstellen mit Einrichtungen für GMDSS, wenn sie auf See sind, eine Empfangsbereitschaft für DSC sicherstellen?
   a) Die Auswahl der Kanäle liegt in der Entscheidung der Schiffsführung
   b) Es muß grundsätzlich eine Empfangsbereitschaft auf einem hohen und einem niedrigen Kanal für Not- und Sicherheitsanrufe sichergestellt werden
   c) Die Empfangsbereitschaft ist nur auf den Kanälen sicherzustellen, die für eine Überbrückung großer Entfernung in Frage kommen
   d) Es muß eine automatische Empfangsbereitschaft auf Kanal 70 aufrechterhalten werden

2. Wem obliegt die Lenkung des Verkehrs vor Ort im GMDSS?
   a) Der Funkstelle, welche die Such- und Rettungsarbeiten koordiniert (On-scene Commander/OSC)
   b) Der Seefunkstelle, die als erste am Unfallort eintrifft
   c) Der nächstgelegenen Küstenfunkstelle
   d) Der Seefunkstelle, die als erste den Notalarm bestätigt hat

3. Wer bestimmt den Sprechfunk-Kanal für den Funkverkehr vor Ort?
   a) Die zuständige Küstenfunkstelle
   b) Die bewegliche Funkstelle in Not
   c) Das RCC oder die Funkstelle, welche die Such- und Rettungsarbeiten koordiniert
   d) Das Fahrzeug, das als erstes am Unfallort eintrifft

4. Welches Verfahren dient der Verkehrsaufnahme auf Kanal 70?
   a) SSFC
   b) Sprechfunk
   c) Tonanruf
   d) DSC

5. Womit wird in der MMSI der Landeskenner der Funkstelle angegeben?
   a) Mit der MID
   b) Mit den letzten fünf Ziffern
   c) Mit den letzten drei Ziffern
   d) Mit codierten Buchstaben

6. Was zeigt die MID an?
   a) Das Rufzeichen für DSC
   b) Den Landeskenner der Funkstelle
   c) Die sechsstellige Rufnummer der Funkstelle
   d) Die Nummer in der maritimen Informationsdatei

7. Wird der mit einem DSC-Controller aufgenommene Notalarm gespeichert?
   a) Ja, aber er wird nur dann gespeichert, wenn die Taste „Speichern" gedrückt ist
   b) Ja, aber er wird nur dann gespeichert, wenn im Speicher noch genügend Platz ist
   c) Ja, er wird immer gespeichert
   d) Nein, er wird nicht gespeichert, sondern ausgedruckt

8. Auf welchem UKW-Kanal wird ein DSC-Routine-Anruf ausgesendet?
   a) Auf Kanal 77
   b) Auf Kanal 16
   c) Auf Kanal 10
   d) Auf Kanal 70

9. Auf welchem UKW-Kanal erfolgt die DSC-Alarmierung?
   a) Auf Kanal 70
   b) Auf Kanal 16
   c) Auf Kanal 10
   d) Auf Kanal 72

10. Auf welchem UKW-Kanal wird ein DSC-Notalarm ausgesendet?
    a) Auf Kanal 16
    b) Auf Kanal 70
    c) Auf Kanal 10
    d) Auf Kanal 77

11. Welche Aussendungen dürfen auf Kanal 70 erfolgen?
    a) Seenotverkehr
    b) Wetterberichte für die Sportschiffahrt
    c) DSC-Anrufe
    d) Dringlichkeitsverkehr

12. Ist das bisherige Selektivrufsystem (Einzeltonfolge) auch im DSC-Verfahren anzuwenden?
    a) Es ist nur bedingt anwendbar
    b) Es ist nicht anwendbar
    c) Es ist voll kompatibel
    d) Durch einfache Änderungen in den Seefunkgeräten ist es anwendbar

13. Welche Kanäle werden für Search and Rescue (SAR) beim Funkverkehr vor Ort benutzt?
    a) Kanäle 15 und 17
    b) Kanäle 16 und 06
    c) Kanäle 70 und 06
    d) Kanäle 10 und 16

14. Für welchen Zweck darf im GMDSS die Frequenz 121,5 MHz benutzt werden?
    a) Für Kommunikation in Not- und Dringlichkeitsfällen zwischen Seefunk-stellen und Funkstellen des mobilen Flugfunkdienstes sowie für Alarmie-rungs- und Ortungszwecke im Seenotfall
    b) Für allgemeinen Nachrichtenaustausch zwischen See- und Luftfunk-stellen
    c) Für Not- und Dringlichkeitszwecke im Sprechfunk durch Küstenfunk-stellen
    d) Ausschließlich für die Kennzeichnung der Notposition mittels Funkbaken

15. Welcher Dienst übermittelt Maritime Safety Information (MSI) auf terrestri-schen Frequenzen?
    a) Zeitzeichen
    b) GPS
    c) Wetter-Service
    d) NAVTEX

16. Werden Notmeldungen auch über NAVTEX verbreitet?
    a) Nur in Ausnahmefällen
    b) Nein
    c) Ja
    d) Nur bei Ausfall anderer Funksysteme

17. Welcher Entfernungsbereich wird durch NAVTEX abgedeckt?
    a) Ein Bereich bis zu 100 Seemeilen vom Standort des Senders
    b) Der küstennahe Bereich bis zu 20 Seemeilen
    c) Der Nahbereich bis zu 30 Seemeilen
    d) Ein Bereich bis zu 400 Seemeilen vom Standort des Senders

18. Welche Auswahlmöglichkeiten bestehen bei einem NAVTEX-Empfänger?
    a) Kurs und Geschwindigkeit des Schiffes
    b) Auswahl der Küstenfunkstelle und die Art der Meldung
    c) Bandbreite und Lautstärke des Empfängers
    d) Es gibt keine Auswahlmöglichkeiten

19. Welchen Frequenzbereich benutzt das NAVTEX-System für die Aussendung von Meldungen?
    a) Ultrakurzwelle (UKW)
    b) Grenzwelle (GW)
    c) Mittelwelle (MW)
    d) Langwelle (LW)

20. In welcher Sprache werden in der Regel Meldungen im NAVTEX-System abgefaßt?
    a) Englisch
    b) Französisch
    c) In der Landessprache der aussendenden Funkstelle
    d) Spanisch

21. Mit welchem Gerät kann man einen Notalarm auf UKW auslösen?
    a) Mit einem DSC-Gerät
    b) Mit einem UKW-Handsprechfunkgerät
    c) Mit einem SART-Gerät
    d) Mit einer SITOR-Anlage

22. Die Aussendung des Notalarms erfolgt im GMDSS auf UKW Kanal 70. Auf welchem Kanal wird der Notverkehr abgewickelt?
    a) Auf Kanal 88
    b) Auf Kanal 70
    c) Auf Kanal 16
    d) Auf Kanal 10

23. Auf welchem Kanal wird der Notverkehr im GMDSS abgewickelt?
    a) Auf Kanal 70
    b) Auf Kanal 16
    c) Auf Kanal 89
    d) Auf Kanal 10

24. Für welche Zwecke wird die Frequenz 156,8 MHz (Kanal 16) im GMDSS benutzt?
    a) Für den Funkverkehr an Bord
    b) Ausschließlich von Funkbaken zur Kennzeichnung der Notposition
    c) Für Not- und Sicherheitsanrufe mittels der Techniken des digitalen Selektivrufs
    d) Für Not- und Sicherheitsverkehr sowie Anrufe im Sprechfunk

25. Welche Angaben muß ein Notalarm mindestens enthalten?
    a) Angaben zur Kennzeichnung der Funkstelle in Not sowie Angaben über die Zahl der Besatzungsmitglieder
    b) Angaben zur Kennzeichnung der Funkstelle in Not sowie Angaben über die Art des Unfalls
    c) Angaben zur Kennzeichnung der Funkstelle in Not sowie Angaben zu ihrer Position
    d) Angaben zur Kennzeichnung der Funkstelle in Not sowie Angaben über die erbetene Hilfe

26. Wie heißt das Notzeichen im GMDSS?
    a) SOS
    b) MAYDAY
    c) DETRESSE
    d) PAN PAN

27. Woraus besteht das Dringlichkeitszeichen im GMDSS?
    a) Aus der Gruppe der Wörter PAN PAN
    b) Aus der Gruppe XXX XXX
    c) Aus dem Wort PAN
    d) Aus dem Wort URGENT

28. Wie bestätigt eine Küstenfunkstelle normalerweise den Empfang eines Notalarms einer Seefunkstelle?
    a) Die Küstenfunkstelle bestätigt den Notanruf auf der Frequenz, die das Schiff in Not als Empfangsfrequenz angibt
    b) Die Küstenfunkstelle bestätigt den Notanruf auf Kanal 16
    c) Die Küstenfunkstelle bestätigt den Notalarm auf Kanal 70 durch eine Empfangsbestätigung an alle Schiffe unter Angabe der Kennzeichnung des Schiffes, dessen Notalarm bestätigt wird
    d) Die Küstenfunkstelle bestätigt den Notanruf durch eine NAVTEX-Aussendung

29. Welche Maßnahmen sind von einer Seefunkstelle zu ergreifen, wenn sie einen DSC-Notalarrn empfangen hat?
    a) Die Seefunkstelle muß den Notalarm auf Kanal 16 bestätigen und diesen Kanal weiterhin abhören
    b) Die Seefunkstelle muß für den Empfang weiterer Informationen auf der Frequenz hörbereit bleiben, auf der sie den Notalarm empfangen hat
    c) Die Seefunkstelle muß den Notalarm auf Kanal 70 wiederholen
    d) Die Seefunkstelle muß in jedem Fall sofort eine Hörbereitschaft auf Kanal 6 sicherstellen

30. Was ist bei der Ankündigung einer Dringlichkeitsmeldung auf UKW im GMDSS zu beachten?
   a) Die Dringlichkeitsmeldung muß in betont langsamer Sprechweise angekündigt werden, damit möglichst viele Funkstellen die Meldung empfangen können
   b) Die Ankündigung einer Dringlichkeitsmeldung muß mittels Sprechfunk auf Kanal 16 erfolgen
   c) Die Dringlichkeitsmeldung muß mit DSC auf Kanal 16 angekündigt werden
   d) Die Dringlichkeitsmeldung muß mittels des digitalen Selektivrufs (DSC) angekündigt werden

31. Sie sehen ein Flugzeug abstürzen. Das zuständige RCC ist sofort zu benachrichtigen. Welcher Verkehr wird eingeleitet?
   a) Sicherheitsverkehr
   b) Dringlichkeitsverkehr
   c) Notverkehr
   d) Allgemeiner Anruf

32. Welche Angaben enthält die Bestätigung des Empfangs eines Notalarms von einer Seefunkstelle im Sprechfunk?
   a) MAYDAY
      MMSI der Funkstelle in Not (dreimal gesprochen)
      HIER IST (THIS IS) oder DE (gesprochen DELTA ECHO)
      Schiffsname (dreimal gesprochen) und Rufzeichen der bestätigenden Funkstelle
      ERHALTEN (RECEIVED) MAYDAY oder
      ROMEO ROMEO ROMEO MAYDAY
   b) Rufnummer (MMSI) der Funkstelle in Not
      HIER IST (THIS IS) oder DE (gesprochen DELTA ECHO)
      Rufnummer (MMSI), Rufzeichen oder Name der bestätigenden Funkstelle
      MAYDAY ERHALTEN (RECEIVED)
      OVER

c) MAYDAY
Rufnummer (MMSI) der Funkstelle in Not
HIER IST (THIS IS) oder DE (gesprochen DELTA ECHO)
Rufnummer (MMSI), Rufzeichen oder Name der bestätigenden
Funkstelle
OVER

d) SOS (gesprochen SIERRA OSCAR SIERRA)
Rufnummer (MMSI) der Funkstelle in Not
HIER IST (THIS IS) oder DE (gesprochen DELTA ECHO)
Rufnummer (MMSI), Rufzeichen oder Name der bestätigenden
Funkstelle
ROMEO ROMEO ROMEO
SOS (gesprochen SIERRA OSCAR SIERRA)

33. Wodurch werden im GMDSS Seefunkstellen davon unterrichtet, daß eine nautische Warnnachricht ausgesendet werden soll?
a) Durch einen entsprechenden DSC-Anruf an alle Funkstellen
b) Durch eine Ankündigung auf Kanal 13
c) Durch ein besonderes Warnzeichen
d) Durch eine gesprochene Ankündigung auf Kanal 70

34. Wann wird im Seefunkdienst SILENCE MAYDAY ausgesendet?
a) Wenn die Situation besonders kritisch ist
b) Wenn der Notverkehr beendet wird
c) Wenn eine Funkstelle, die den Notverkehr nicht leitet, anderen Funkstellen das Senden untersagt
d) Wenn die Rettungsleitstelle oder die Funkstelle, die die Such- und Rettungsarbeiten koordiniert, oder die Küstenfunkstelle, die am Notverkehr beteiligt ist, einer oder mehreren Funkstellen das Senden untersagt (Funkstille auferlegt)

35. Was zeigt das Dringlichkeitszeichen an?
    a) Daß die rufende Funkstelle eine nautische Warnnachricht auszusenden hat
    b) Daß die rufende Funkstelle eine sehr dringende Meldung auszusenden hat, welche die Sicherheit des Schiffes oder einer Person betrifft
    c) Daß die rufende Funkstelle eine Sicherheitsmeldung auszusenden hat
    d) Daß die rufende Funkstelle dringende Lotsenberatung benötigt

36. Wie oft muß im Sprechfunk das Dringlichkeitszeichen „PAN PAN" vor der Aussendung einer Dringlichkeitsmeldung gesprochen werden?
    a) Dreimal
    b) Zweimal
    c) Höchstens dreimal
    d) Sechsmal

37. Was erscheint auf dem Display des Controllers, wenn eine nautische Warnnachricht angekündigt worden ist?
    a) Das Wort SAFETY
    b) Das Wort URGENCY
    c) Das Wort LISTING
    d) Das Wort DISABLED

38. Auf welchem Kanal soll im GMDSS eine auf Kanal 70 an alle Funkstellen angekündigte Sicherheitsmeldung normalerweise verbreitet werden?
    a) Auf Kanal 16
    b) Auf Kanal 10
    c) Auf Kanal 70
    d) Auf Kanal 75

39. Ihr DSC-Gerät gibt ein Signal und zeigt an, daß Ihre Seefunkstelle gerufen worden ist. Wie verhalten Sie sich?
    a) Ich bestätige den Empfang des Anrufs mittels DSC und teile der rufenden Funkstelle mit, ob ich in der Lage bin, mit ihr Funkverkehr abzuwickeln
    b) Ich schalte sofort auf den angegebenen Arbeitskanal
    c) Da ein Notfall vorliegt, rufe ich „MAYDAY RELAY"
    d) Ich bestätige den Empfang des Anrufs auf Kanal 16

Richtige Antworten zu den Fragen zum Erwerb eines UKW-Sprechfunkzeugnisses bzw. der UKW-Betriebszeugnisse für Funker I und II (1. Teil)

Abschnitt I		Abschnitt II		Abschnitt III		Abschnitt IV	
Seite 172 bis 182		Seite 182 bis 185		Seite 185 bis 196		Seite 196 bis 209	
1c	24d	1d	7d	1b	25c	1d	28b
2b	25d	2d	8d	2b	26b	2c	29b
3c	26d	3d	9c	3d	27c	3b	30c
4d	27a	4d	10d	4b	28c	4d	31d
5b	28a	5c	11b	5d	29c	5b	32d
6d	29d	6d		6c	30d	6d	33c
7b	30d			7d	31c	7b	34d
8b	31c			8c	32b	8d	35d
9b	32d			9c	33b	9c	36d
10c	33b			10d	34d	10d	37c
11c	34c			11c	35c	11c	38c
12d	35c			12c	36c	12b	39a
13c	36c			13b	37c	13c	40c
14d	37b			14a	38b	14d	41c
15d	38a			15b	39b	15b	42c
16b	39c			16a	40b	16c	43c
17d	40d			17b	41c	17c	44c
18b	41d			18b	42d	18c	45c
19b	42b			19c	43b	19d	46c
20b	43a			20d	44c	20c	47a
21d	44a			21c	45d	21b	48d
22d	45b			22b	46c	22b	49d
23d				23b	47c	23c	50d
				24d	48b	24c	51b
						25d	52d
						26b	53d
						27d	

Richtige Antworten zu den Fragen zum Erwerb der UKW-Betriebszeugnisse I und II (2. Teil) und zu den Fragen für die Zusatzprüfung vom USZ zum BZ I und II

Abschnitt I		**Abschnitt II**		**Abschnitt III**	
Seite 210 bis 214		Seite 215 bis 218		Seite 218 bis 227	
1c	10b	1a	10b	1d	21a
2a	11d	2b	11d	2a	22c
3b	12a	3d	12a	3c	23b
4d	13d	4c	13a	4d	24d
5d	14c	5d	14c	5a	25c
6b	15b	6a	15c	6b	26b
7c	16d	7d	16d	7c	27a
8c	17a	8b	17b	8d	28c
9a		9c	18c	9a	29a
				10b	30d
				11c	31c
				12b	32a
				13b	33a
				14a	34d
				15d	35b
				16c	36a
				17d	37a
				18b	38a
				19c	39a
				20a	

Abkürzungsverzeichnis

ATIS	Automatic Transmitter Identification System
BRZ	Bruttoraumzahl
BSH	Bundesamt für Seeschiffahrt und Hydrographie
BZT	Bundesamt für Zulassungen in der Telekommunikation
DSC	Digital Selective Calling
DWD	Deutscher Wetterdienst
EMV	Gesetz über elektromagnetische Verträglichkeit
EPIRB	Emergency Position-Indicating Radio Beacon
ETA	Estimated Time of Arrival
FAG	Fernmeldeanlagengesetz
GMDSS	Global Maritime Distress and Safety System
GPS	Global Positioning System
GW	Grenzwelle
HF	High Frequency
Hz	Hertz
ISSV	Internationaler Schiffssicherheitsvertrag
kHz	Kilohertz
KüFuSt	Küstenfunkstelle
KVR	Kollisionsverhütungsregeln
KW	Kurzwelle

MESZ	Mitteleuropäische Sommerzeit
MEZ	Mitteleuropäische Zeit
MF	Medium Frequency
MfS	Mitteilungen für Seefunkstellen
MHz	Megahertz
MIB	Melde- und Informationssystem Binnenschiffahrt
MID	Maritime Indentification Digit
MMSI	Maritime Mobile Service Identity
MRCC	Maritime Rescue Coordination Center
MSI	Maritime Safety Information
MW	Mittelwelle
NAVTEX	Navigational Warnings by Telex
NIF	Nautischer Informationsfunk
nm	Nautical Miles
OSC	On-Scene-Commander
POB	Person over Board
RCC	Rescue Coordination Center
Reg TP	Regulierungsbehörde für Telekommunikation und Post
SAR	Search and Rescue
SART	Search and Rescue Radar Transponder
SchiffFuSt	Schiffsfunkstelle
SchPV	Schiffahrtspolizeiverordnung
SchSV	Schiffssicherheitsverordnung
SDR	Special Drawing Rights
SeeFuSt	Seefunkstelle
SMD	Schiffsmeldedienst
SOLAS	Safety of Life at Sea
TR	Travel Report
UKW	Ultrakurzwelle
UTC	Universal Time Coordinated
VHF	Very High Frequency
VO	Vollzugsordnung
W	Watt
WSP	Wasserschutzpolizei

Index

Die **YACHT-BÜCHEREI** ist die preiswerte Bibliothek für eingehendes Fachwissen auf vielerlei Spezialgebieten. Diese Bände sind lieferbar:

DELIUS KLASING